KB055197

08
Abnormal Psychology

특정공포증

김은정 · 이지영 지음

_ 별것도 아닌데 왜 이렇게 두려울까

학지사

'이상심리학 시리즈'를 내며

21세기를 살아가는 우리는 급격한 변화와 치열한 경쟁으로 이루어진 현대사회에 적응해야 하는 커다란 심리적 부담을 안고 있다. 이러한 현실 속에서 현대인은 여러 가지 심리적 문제와 장애에 직면하게 될 가능성이 높다.

정신건강에 대한 사회적 관심이 증대되면서, 이상심리나 정신장애에 대해서 좀 더 정확하고 체계적인 지식을 접하고자 하는 사람들이 늘어나고 있다. 그러나 막상 전문서적을 접하게 되면, 난해한 용어와 복잡한 체계로 인해 쉽게 이해하기 어려운 것이 현실이다.

이번에 기획한 '이상심리학 시리즈'는 그동안 소수의 전문가에 의해 독점되다시피 한 이상심리학에 대한 지식을 일반 독자들에게 소개하기 위한 것이다. 이를 위해서 다양한 정신장애에 대한 최신의 연구 내용을 가능한 한 쉽게 풀어서 소개하려고 노력하였다.

'이상심리학 시리즈'는 서울대학교 심리학과 임상 · 상담 심리학 교실의 구성원이 주축이 되어 지난 2년간 기울인 노력의 결실이다. 그동안 까다로운 편집 지침에 따라 집필에 전념해준 집필자 모두에게 감사드린다. 아울러 어려운 출판 여건에도 불구하고 출간을 지원해주신 학지사 김진환 사장님과 한 권 한 권마다 좋은 책이 될 수 있도록 성심성의껏 편집을 해주신 편집부 여러분에게 고마움을 표한다.

인간의 마음은 오묘하여 때로는 "아는 게 병"이 될 수 있다. 그러나 이러한 우려보다는 "아는 게 힘"이 되어 보다 성숙하고 자유로운 삶을 이루어나갈 수 있는 독자 여러분의 지혜로움을 믿으면서, '이상심리학 시리즈'를 세상에 내놓는다.

2000년
서울대학교 심리학과 교수
원호택, 권석만

2판 머리말

　누구나 조금씩 두려워하거나 무서워하는 것이 있다. 어린 시절 누구나 한두 번쯤은 개와 같은 동물이나 후미진 곳이나 어둠을 무서워했던 경험이 있을 것이다. 이처럼 어떤 대상이나 상황에 대한 두려움은 누구나 경험하는 보편적인 현상이다. 하지만 이런 두려움이 지나쳐서 하고 싶은 일을 제대로 할 수 없고 생활의 많은 부분이 제약을 받는다면 일상적인 두려움 수준을 넘어서 누군가의 도움을 받아야 하는 상태다.

　특정공포증은 특정한 대상이나 상황에 대해 지나치게 두려워하는 장애를 말하며, 이런 두려움이 비합리적이고 불필요하며 과도하다는 것을 인식하면서도 두려워하는 대상이나 상황에 직면하게 되면 불안에 압도되어 그 대상을 피하는 것이 주된 특징이다. 특정공포증으로 고생하는 많은 사람이 공포증을 겪으면서 학업, 직업, 대인관계 등에서 또 다른 문제로 고통받고 있다.

이 책에서는 특정공포증을 가진 사람이나 일반인이 특정공포증을 쉽게 이해하도록 여러 심리학적 입장을 골고루 소개하면서도 전문적인 용어나 설명을 풀어서 쓰려고 애썼다. 특히 이 책에서는 특정공포증을 극복하는 부분에 많은 지면을 할애하였다. 따라서 이 책은 특정공포증을 스스로 극복하는 자가치료책이 될 수 있으며, 전문가에게도 쉬운 입문서가 될 것이다.

여기에 제시된 방법을 자신에게 꾸준하고 체계적으로 적용한다면 특정공포증은 확실히 좋아질 수 있을 것이다. 이 책이 특정공포증을 가진 많은 사람에게, 자신의 문제에서 벗어나 자유롭고 새로운 삶을 사는 데 많은 도움이 되기를 바란다.

2016년
김은정, 이지영

차례

1 특정공포증이란 무엇인가 —— 11

특정공포증이란
무엇인가

1

1. 사례로 보는 공포증

"Manners maketh man"이라는 유명한 명대사를 남긴 영화 〈킹스맨〉의 여자주인공 록시는 유능한 많은 후보자를 경쟁에서 제치고 귀족 엘리트 스파이 집단 킹스맨의 최종 비밀요원으로 선발된다. 그녀는 8명의 경쟁자 중 주인공 에그시와의 최종 경쟁에서 애지중지 기르던 자기의 반려견을 죽이고 최종적으로 선발되었다. 하지만 완벽해 보이는 비밀요원인 그녀에게도 엄청난 약점인 고소공포증이 있었다. 그녀는 비밀요원 선발 시 낙하산 없이 착륙하기 테스트에서 최대의 위기를 맞았으나 에그시의 도움으로 극복한다. 고소공포증으로 힘들어하는 사람이 인간적인 한 사람의 도움으로 단번에 고소공포증을 극복한다는 것은 참으로 영화다운 발상이다.

맥 라이언의 귀여운 연기로 주목을 끌었던 로맨틱 코미디 고전영화 〈프렌치 키스〉의 첫 장면은 코믹하고도 인상적이다.

여주인공 케이트는 비행공포증이 있어서 비행기 타는 것을 매우 두려워한다. 그녀는 비행공포증을 치료하기 위해 찾아간 상담소에서 모의비행을 하게 된다. 모의비행기 안에서 비행기가 마치 이륙하는 듯한 움직임과 소음을 느끼게 되자 그녀는 그만 두려움을 견디지 못하고 비행기 문을 뜯어내고 나오게 된다.

아마도 사람들은 이런 맥 라이언을 보고 재미있어 했을 것이다. 하지만 정작 비행공포증이 있는 사람에게 그 두려움과 고통은 상상하기 힘들 정도로 큰 것이다. 자, 그러면 다음에서 특정한 대상이나 상황을 두려워하는 사람들의 몇 가지 사례를 살펴보자.

이 군은 화학을 전공하는 대학생이다. 그는 어린 시절에는 폐쇄된 장소를 두려워하지 않았고, 종종 다락방과 지하실에 내려가 놀고 옷장 속에 숨기도 하였다.

대학 신입생시절 어느 날, 학교 도서관의 엘리베이터가 고장 나서 혼자서 갇혀버린 일이 있었다. 마침 토요일 오후였고 엘리베이터가 도서관 구석에 있어서 경보 버튼을 누르고 기다렸지만 아무도 오지 않았다. 그렇게 몇 분이 지나자 그는 심한 불안 상태에 빠졌다. 가슴이 두근거리고, 숨이 가빠지며, 온몸에 땀이 나기 시작했다. 마치 자신이 숨 쉴 만

큼의 충분한 공기가 없는 것처럼 느껴졌고, 이러다가 질식
해서 죽을지도 모른다는 생각이 들었다. 어지럽고 온몸에
힘이 빠지면서 기절할 것 같았다. 이후 약 20분이 지나서야
사람들이 와서 엘리베이터 문을 열고 그를 구출해주었다.

이런 일이 있은 후 이 군은 엘리베이터 타는 것을 비롯해
서 폐쇄된 공간에 들어가는 것을 매우 두려워했다. 이 군은
아파트의 19층에 살고 있는 데도 그 이후로 한 번도 엘리베
이터를 타지 못하고 아무리 시간에 쫓겨도 걸어 다녔다. 혹
시 친구들이나 아는 사람과 엘리베이터를 탈 일이 있어도
피치 못한 경우가 아니면 핑계를 대고 피해버렸다.

김 씨는 대학 부속병원의 외과에서 수련을 받고 있는 레
지던트 2년차다. 김 씨는 다른 수술은 곧잘 하고 전혀 불편
하지 않은데, 유독 손톱을 제거하는 수술만 생각하면 속이
매스껍고 헛구역질이 나와 어떻게든 피하려고 애쓴다.

개구쟁이였던 김 씨는 어릴 적에 놀다가 손가락 하나를
방 문에 찧은 적이 있었다. 그때 손가락이 부어올랐고 상처
가 났는데, 손가락이 다 나았을 때는 손톱이 빠져 있었다.
김 씨는 그때 의사가 자신의 손가락을 꿰매고 손톱이 다시
날 수 있도록 주사바늘을 찌를 때마다 어머니의 얼굴이 창
백해지고 아파 보였던 것을 기억하였다. 이후 아이들과 놀

때도 손가락이 다칠까 봐 조심하였고, 두려움에 자신도 모르게 의식을 잃거나 기절한 적도 있었다.

김 씨는 예과에 다니던 중 환자의 손톱과 발톱을 빼는 절차에 대해서 교육받았을 때, 이상하게 속이 메스꺼웠고 어지러웠으며 헛구역질이 올라왔다. 결국 의대에 다니는 동안 손톱과 발톱 제거수술을 할 때마다 다양한 방법으로 피하였다. 그러나 그가 의대 4학년 때는 어쩔 수 없이 그 수술을 관찰해야만 했는데, 병에 걸린 사람처럼 식은땀이 나고, 심장이 두근거렸으며, 헛구역질이 나는 것 같았다. 김 씨는 기절하지 않기 위해 안간힘을 쓰며 자리에 앉아 버티었다. 그러나 마취를 하지 않았다면 환자가 느낄 고통스러운 통증에 대한 생각을 떨쳐버릴 수 없었다.

레지던트 2년차가 된 어느 날 밤, 김 씨가 혼자 당직을 서고 있는데, 어린 소녀가 실려 왔고 손톱을 제거해야만 하는 상황에 직면하게 되었다. 도저히 자신이 수술할 수 없었던 김 씨는 쉬고 있던 동료 레지던트에게 황급히 전화를 했고, 도와줄 것을 간절히 부탁했다(김청송, 2015에서 인용).

송 씨는 초등학생 아들과 딸을 둔 평범한 주부다. 그런데 여행가는 것을 싫어하는 송 씨는 가족과 함께 여행을 다니고 싶어 하는 남편과 계속 갈등을 겪고 있다. 송 씨가 여행을 가려 하지 않는 이유는 바퀴벌레를 두려워하는 공포증이 있기 때문이다.

어릴 적에 송 씨가 부모님과 함께 여행을 갔을 때, 민박 집에서 묵게 되었다. 한참을 자고 있는데 얼굴이 가려워서 잠이 깼는데, 손으로 얼굴을 만져보니 뭔가 꿈틀거리는 큰 벌레 같은 것이 있었다. 확인해보니 시커멓고 커다란 바퀴 벌레였고 때문에 그녀는 몹시 놀랐던 일이 있었다. 송 씨는 그 일이 있은 이후로 바퀴벌레를 무척 싫어하고 꺼리게 되었고, 벌레가 나올 법한 곳에는 가지 않았다. 하지만 부득이하게 집 밖에서 잠을 자야 하는 상황에 놓였을 때 그녀는 바퀴벌레가 나올까 봐 잠을 이루지 못하고 뜬눈으로 밤을 지새워야 했다.

광고회사에 다니는 커리어 우먼인 박 실장은 최근 승진을 했다. 그녀의 새로운 일은 전에 했던 일에 비해 출장이 잦았다. 이로 인해 박 실장은 큰 고민에 빠졌다. 국내나 해외 광고 촬영을 위해서는 비행기를 타야 하는데, 그녀는 1시간이건 10시간이건 비행기 타는 것을 무척 두려워했다. 지난 6년 동안은 용케도 비행기 타는 것을 피할 수 있었다. 그녀는 아직도 마지막으로 비행기를 탔던 때를 생생하게 기억한다.

그녀는 비행기를 타기 한 달 전부터 안절부절못하고 걱

정하느라 잠을 설쳤고, 일주일 전부터는 비행공포로 인해 어떤 일에도 오래 집중하기 어려웠다. 그 결과, 그녀의 모든 생활은 엉망이 되어버렸다. 비행기를 탈 시간이 다 되었을 때는 거의 제정신이 아니었다. 그리고 다시는 비행기를 타지 않겠다고 결심했다.

그러나 지금 어떻게 얻은 승진 기회를 포기해버리겠는가? 하지만 아직도 그녀는 비행기가 추락해서 죽게 될까 봐 두려웠고, 비행기의 움직임이나 소리에도 거의 기절할 정도로 무서워했다. 그녀는 자신의 이런 두려움이 지나치고 비합리적이라고는 생각하지만, 비행기를 탈 때는 좀처럼 자신을 진정시킬 수가 없다.

중소기업 과장인 박 씨는 대학교 때 아버지로부터 운전 교습을 받았다. 그때 처음으로 운전대를 잡고 운전했는데, 운전이 미숙해 중앙선을 넘어서 맞은편 차와 거의 정면으로 부딪칠 뻔했다. 그는 너무 놀라서 가슴이 심하게 뛰었고 숨을 쉬기도 힘들었다. 또한 온몸이 마비되어 아무것도 할 수가 없었다. 만약 아버지가 옆에 안 탔더라면 그의 차는 정면 충돌을 했을 것이다.

그 후로 박 씨는 운전면허 따는 것을 계속 미루다가 주위의 성화에 못 이겨서 20대 후반에 면허를 땄다. 간신히 면허는 땄지만, 막상 거리에서 운전을 하려고 하면 맞은편 차와 충돌할 것 같아 자꾸 차도를 벗어나게 되고 운전을 제대로 하지 못했다. 마침 그는 새 직장으로 옮기려고 하고 있는데, 다른 조건은 다 마음에 들지만 새 일이 운전을 자주 해야 하는 일이라 망설이고 있다.

두 아이를 둔 40대의 주부인 정 씨는 어려서부터 거미를 좋아하지 않았는데, 자라면서 점점 더 거미를 무서워하게 되었다. 그녀는 대학시절에 기숙사가 매우 저렴하고 편리함에도 그곳에서 생활하지 못했다. 그녀가 기숙사를 신청하려고 할 때 친구들이 장난삼아 욕실에 거미들이 자주 나타난다고 얘기했던 것이다. 집에서도 지하실이나 정원에 잘 가지 않았으며, 방에 들어갈 때도 벽부터 살폈다.

그녀는 거미를 발견하면 비명을 지르고 남편에게 죽이라고 소리쳤다. 그녀의 비명에 맏딸이 심하게 놀란 적도 있었다. 집에 아무도 없을 때는 다른 사람이 올 때까지 거미가 있는 방에 들어가지 못했다. 또한 거미가 죽지 않고 도망가버리면 거미를 잡을 때까지 며칠 밤이고 잠을 설쳤다. 그런 날이면 거의 매번 거미에 관한 악몽을 꾸게 되었다.

스물여덟 살의 컴퓨터 프로그래머인 김 씨는 자신이 가

진 두려움 때문에 간암으로 사경을 헤매고 있는 아버지에게 문병을 가지 못했다. 김 씨는 신체적 상해를 입거나 병에 걸리는 것에 대해 공포를 느끼고 있었기 때문이다. 심지어 김 씨는 상해나 질병이 약간이라도 관련되어 있으면 피했다. 가령 수혈은 생각조차 할 수 없었고 병에 걸린 사람을 쳐다볼 수도 없었다. 그래서 자신이 아프거나 고통스러울 때도 의사를 찾아가지 못하고, 친구나 가족이 아파서 병원에 입원해 있어도 문병을 갈 수 없었다. 5년 전부터는 육식은 전혀 하지 않고 채소류만 먹었다. 고기 종류만 보면 가축이 살육당하는 장면이 생각나서 너무 두려웠기 때문이다.

이런 두려움은 김 씨가 아홉 살 때, 여자 담임선생님이 다리 수술 받은 것을 아주 자세히 설명하는 것을 듣고 나서부터 시작되었다. 그 당시 김 씨는 불안한 마음이 심하게 들었고, 어지러움을 느꼈으며, 땀이 매우 많이 나더니 결국 기절해버렸다. 그 후로 예방주사를 맞는 것이 무척 힘들었고, 병원만 떠올려도 가슴이 심하게 떨렸다. 또 아주 가벼운 상처를 입거나 질병에 대해 듣기만 해도 거의 기절할 정도였다.

최근에 길에서 휠체어를 탄 사람을 보고는 그 사람이 많이 아픈 건 아닐까 하는 생각이 들자 너무나 불안하고 두려워서 정신을 잃고 길바닥에 쓰러져버렸다. 그리고 정신을 차렸을 때 주변 사람들이 자신을 둘러싸고 있는 것을 보고

몹시 부끄러웠다. 김 씨는 다른 심리적인 어려움은 없었다.
그는 자신의 일에 보람을 느끼고 최선을 다했으며, 아내나
친구들과도 잘 지냈다.

컴퓨터 프로그래머인 김 씨는 특정공포증 가운데 혈액-주
사-상해형이라고 할 수 있다. 많은 사람이 이런 두려움 때문
에 병원 가는 것을 꺼리고 피한다. 이 밖에도 송 씨나 정 씨와
같이 벌레나 거미와 같은 곤충을 두려워하는 사람, 개나 고양
이와 같은 동물을 무서워하는 사람, 이 군과 같이 폐쇄된 공간
에 있는 것을 두려워하는 사람, 박 씨와 같이 운전하는 것을
두려워하는 사람, 그리고 박 실장과 같이 비행을 두려워하는
사람도 있다.

그럼 공포란 무엇일까? 어떤 사람이 특정 대상이나 상황에
대해 두려움을 느끼는 것일까? 과연 공포증은 어떤 식의 생각
과 행동을 유발할까? 그리고 이런 공포증은 왜 생기는 것일까?
또한 공포증을 극복하기 위해 어떻게 해야 할까?

불안이나 공포는 인간뿐 아니라 모든 종의 동물도 경험하
는 보편적이고 기본적인 감정이다. 불안은 미래에 있을 수 있
는 위협이나 위험에 대한 걱정이 유발하는 불편감이나 긴장상
태인 반면, 공포는 위협이 되는 자극이 눈앞에 있고, 자신이
정말로 그 위협의 희생양이 될 것 같을 때 느끼는 감정이다.

이처럼 불안은 그 대상을 확실히 모르는 경우가 많은 반면, 공포는 확실히 규명할 수 있는 위협의 대상이 분명히 존재한다.

또한 불안은 특정 행동으로 직접 이어지지는 않으나, 공포는 위험으로부터 자신을 보호하기 위해 도망가거나 얼어붙는 행동 등으로 즉각 이어진다. 공포 경험은 미약한 불편감에서부터 심한 공포와 공황발작에 이르기까지 그 정도가 다양하고, 짧은 순간 스쳐 지나가는 공포에서부터 계속되는 상태까지 지속되는 기간도 다양하다. 그러나 불안과 공포의 구분이 모호한 경우가 많이 있고, 신체적 반응이 거의 유사하기 때문에 사실상 둘을 구분하는 것은 불필요한 일이다.

우리는 살아 있는 동안 불안이나 공포를 경험하지 않을 수 없다. 어릴 적 유리창 등의 물건을 깨거나 거짓말과 같은 잘못을 저지른 후에 부모님을 대면하게 될 때, 직장에서 일처리를 잘못해서 회사 동료나 상사에게 피해를 주었거나 회사에 손실을 야기했을 때, 귀신 이야기를 잔뜩 들은 후에 캄캄한 길을 걸어갈 때 약간이라도 불안이나 공포를 느끼지 않은 사람은 없을 것이다. 이렇듯 불안이나 공포는 매우 보편적이고 일상적인 감정이다.

불안과 공포는 비슷한 특징을 보인다. 먼저, 신체적으로 심장박동수가 증가하고, 혈압이 높아지며, 호흡이 가빠지고, 각성 수준이 증가한다. 또한 소화가 억제된다. 행동상으로는 위험을 지각했을 때 일어나는 투쟁/도피반응을 보인다. 즉, 위험을 지각했을 때 공포를 느낌으로써 위험에 맞서 싸우거나 도망갈 준비태세를 갖추는 것이다. 따라서 진화적으로 볼 때 적응적 가치가 있는 감정이다. 공포의 목적 중 하나는 유기체를 보호하는 것이다. 원시인이 맹수와 마주쳤을 때 공포심을 느끼지 않는다면 맹수에게 잡아먹히고 말 것이다. 다행히 사람은 공포심을 느끼기 때문에 도망가거나 맹수에 맞서 싸울 준비를 하게 된다.

공포의 이런 적응적 기제가 꼭 원시시대에만 필요한 것은 아니다. 현대사회에서도 이것은 필요한 기제다. 당신이 길거리를 걷고 있을 때 큰 트럭이 당신을 향해 돌진해온다고 상상해보자. 당신이 공포심을 전혀 느끼지 않는다면 피하지 않을 것이고, 그렇게 되면 당신은 죽게 될 것이다. 그러나 다행히 우리는 투쟁/도피반응을 하게 되어 안전하게 길옆으로 피할 것이다. 여기서 중요한 것은, 공포의 목적이 잠재적인 위험으로부터 유기체를 보호하려는 것이지 해를 주려는 것이 아니라는 것이다.

많은 공포는 선천적인 것이며, 인간의 발달 초기에는 보호 기능을 수행한다. 즉, 낯선 사람이나 높은 곳을 두려워하는 기본 규칙은 처음에는 상황에 대한 고려 없이 항상 절대적이고, 일반화되며, 보호 기능을 수행한다. 그래서 아이는 부모의 보호와 돌봄 아래 안전하게 자랄 수 있다. 그러나 점차 성장하면서 이와 같은 절대적이고 과일반화된 공포에 대한 원래의 규칙이 비현실적이라는 것을 배워감에 따라, 미숙한 공포가 현실적인 공포로 변화하며, 보다 적절하고 상황을 고려할 수 있는 규칙으로 바뀐다. 따라서 낯선 사람에 대한 절대적인 규칙 '모든 낯선 사람은 위험하다' 은 환경이나 낯선 이의 위협적인 면과 비위협적인 면, 자신과 낯선 이의 상대적인 힘 등을 고려해서 변화되어야 한다. 그러나 이처럼 미숙한 상태의 공포는 완전히 사라지지 않고 잠재되어, 우리가 취약한 상태에 있을 때 다시 살아나는 것을 경험하게 된다. ◆

2. 공포증이란 무엇인가

공포증phobia이란 말은 '과장된 혹은 무력화시키는 공포'라는 의미로서, 고대 희랍 신화에서 적들을 상대할 때 다양한 방식으로 깜짝 놀라게 하던 전쟁의 신인 포보스의 이름에서 유래하였다. 말 그대로 혼란, 공포와 심한 불안을 유발한다는 뜻이다. 공포증에 대한 최초의 기록은 13세기 철학자들이 기술한 악마공포증, 신공포증 등에서 찾아볼 수 있다. 그 이후 19세기 이르러 정신과학 문헌에 공포증이란 용어가 등장하였고, 이러한 의미는 최근까지 계속 사용되어오고 있다. 결국 공포증이란 현실성 없는 특수한 종류의 공포로서 설명할 수도 없고, 합리적이지도 않으며, 자신의 통제 밖에 있고, 상황에 대한 회피행동을 유발한다고 할 수 있다.

공포증은 크게 특정공포증, 사회공포증, 광장공포증으로 구분할 수 있다. 특정공포증specific phobia은 명확히 구분할 수 있는 대상이나 상황에 대한 현저하고 비합리적인 두려움과 회피행동을 지속적으로 나타내는 것을 말한다. 사회공포증social phobia은 사회불안장애social anxiety disorder라고도 하는데, 다른 사람들이 지켜볼 수 있는 상황에서 무엇을 할 때 지나치게 불안하고 긴장하며 회피행동을 보이는 것이다. 광장공포증agoraphobia은 즉각적으로 피하기 어려운 장소나 상황에 처하는 것을 두려워하며 회피하는 것이다. 이 책에서는 3가지 공포증 가운데 특정공포증에 대해 기술할 것이다. 따라서 이후에 나오는 '공포증'이란 용어는 특정공포증과 같은 뜻으로 쓰인다.

문헌에 따르면 유명한 웅변가인 데모스테네스는 계단공포증이 있었고, 로마의 유명한 통치자였던 시저는 어둠공포증이 있었다고 한다. 또한 세계적인 문호 셰익스피어는 고양이 공포증이 있었고, 철학자 파스칼은 광장공포증을 가지고 있었다고 한다. 할리우드 스타 조니 뎁은 광대공포증이 있고, 니콜 키드먼은 나비공포증이 있다고 한다. 이런 위대하고 유명한 사람들이 공포증에 시달렸다는 사실만 보아도 공포증이 논리적으로 설명하기 어렵고 자신의 의지대로 되는 것은 아님을 짐작할 수 있다.

공포증은 다음과 같은 2가지 특징이 있다. 첫째, 실제로는 위협이 되지 않는 어떤 대상이나 상황에 강한 공포를 느끼는 것이다. 대부분의 경우에 공포자극이 전혀 해롭지 않지만, 종종 가벼운 위험이 있는 것도 있다. 이러한 예로는 아이들이 무서워하는 개, 곤충, 높은 곳, 뱀 등이 있다.

둘째, 공포자극을 피하는 회피행동을 보인다. 공포 대상에 대해 심한 불안과 공포반응을 보이면서, 공포 대상을 지속적으로 회피하려 한다. 물론 일부 대상의 경우, 공포증을 갖지 않은 사람도 이러한 대상을 피할 수 있다. 예를 들어, 대부분의 사람은 해가 있건 없건 간에 뱀을 만지는 것을 피하는 편이다. 이러한 보편적인 반응과 공포증 간의 차이는 무엇보다도 정도에 달려 있다고 할 수 있다. 일반인도 뱀을 보면 어느 정도의 무서움을 느끼지만, 뱀공포증이 있는 사람은 여러 가지 생리적인 공포 증상을 수반한 채 강렬한 불안 상태에 빠진다. 또한 뱀이 눈앞에서 사라졌음에도 쉽사리 강렬한 불안 상태에서 빠져나오지 못한다. 그리고 이처럼 심각한 불안반응 때문에, 공포 대상을 회피하는 생활방식을 갖게 되어 일상생활에 많은 제약을 받게 된다.

그렇다면 공포증은 일상적인 공포와 어떻게 다른가? 공포는 구체적이고 갑작스러운 위험에 대한 반응이다. 위험은 항상 미래에 일어날 것이기 때문에 불확실성이나 모호함이 공포의 특징이라고 할 수 있다. 그러나 이런 공포는 누구나 경험할 수 있는 일상적이고 피할 수 없는 생활의 일부분이다. 일상생활 속에는 공포반응이 적절하고 합리적인 반응일 수 있는 상황이 아주 많다. 만약 어떤 사람이 신체적 위협을 당하거나, 실패나 손실이 있을 수 있는 상황에 처했는데도 조금의 불안이나 공포도 느끼지 않는다면 그 사람은 문제가 있는 사람일 것이다. 그렇다면 일반인으로서 누구나 느끼는 일상적이고 보편적인 공포와 병리적인 공포증은 어떻게 다른가?

첫째, 공포증은 정상적인 공포보다 훨씬 강도가 강하다. 예를 들어, 일반인이라도 끔찍한 비행기 사고가 신문에 대서특필된 날 비행기를 타게 된다면 어느 정도 공포를 느낄 수 있다. 하지만 그런 두려움이 비행기를 타지 못할 만큼 강하지는 않다. 반면에, 비행공포증이 있는 사람의 두려움은 비행기로 몇 시간 만에 갈 거리를 며칠씩 운전을 해서 간다든지, 심지어는 아예 갈 생각을 포기할 정도로 심하다.

둘째, 공포증은 정상적인 공포보다 훨씬 오래 지속된다. 일반인은 아무리 큰 비행기 사고라도 며칠이나 몇 달만 지나면 공포나 불안감이 없어진다. 하지만 비행공포증이 있는 사람은 그런 공포감을 보다 오래 가지고 있으며, 비행기를 타는 것이 대체로는 매우 안전하다는 정보에도 불구하고 좀처럼 공포감이 줄어들지 않는다.

셋째, 공포증은 일상생활이나 사회적 기능에 지장을 초래한다. 정상적인 공포의 경우에도 두려움과 회피반응 등으로 개인적 고통을 주지만, 일상생활이나 사회적 기능에 지장을 초래할 만큼은 아니다. 예를 들면, 어떤 사람이 비행기를 타지 못해서 위독한 부모님을 찾아가지 못한다든지 좋은 일자리를 제안 받아도 포기한다면, 그 사람이 느끼는 공포는 정상적인 공포의 범위를 벗어났다고 할 수 있다. ◆

3. 특정공포증의 진단기준

특정공포증의 본질적 특징은 명확히 판별 가능하고 제한된 대상이나 상황에 대한 현저하고 지속적인 공포와 불안이다. 공포 대상이나 상황에 대한 노출은 거의 예외 없이 즉각적인 공포반응과 불안반응을 유발한다. 또한 이러한 공포와 불안은 실제로 공포자극이 줄 법한 수준보다 지나치다. 상황이나 대상이 실제로 위험할 때 적절한 두려움을 느끼는 사람을 보고 특정공포증을 가졌다고 말하지는 않을 것이다.

범죄가 많은 도시의 슬럼가를 걸으면서 강도를 당할까 봐 두려워하는 것은 공포증이라고 할 수 없다. 반면에, 동물원에서 해를 끼치지 못하는 동물을 두려워하거나, 20층의 고층건물 안에서 닫힌 유리창 너머로 밖을 내다보며 추락할까 봐 두려워하는 것은 비현실적인 공포다.

일상적인 두려움이 아닌 공포증으로 진단하기 위해서는 개인이 공포증을 가지고 있다는 사실로 심각하게 고통받아야 하고, 공포와 불안 그리고 회피하고자 하는 행동이 개인의 일상생활과 직업 및 사회생활을 심각하게 방해해야만 한다. 예를 들어, 어떤 사람이 혼잡한 엘리베이터를 타는 것을 불편해하면서도 엘리베이터를 탈 수 있다면 공포증이라고 할 수 없다. 그러나 엘리베이터를 타지 않기 위해 15층이나 되는 계단을 걸어서 다니거나 일부러 엘리베이터가 없는 곳으로 직장을 옮긴다면, 그 사람은 공포증을 가지고 있다고 할 수 있다.

하지만 그렇다고 해서 이들이 두려운 대상이나 상황을 항상 회피하는 것은 아니다. 이들도 때에 따라서는 그 대상이나 상황에 대한 두려움을 느끼면서도 감내하기도 한다. 예를 들어, 엘리베이터 공포증을 가진 사람이 부득이하게 엘리베이터를 탈 수도 있다. 그러나 그럴 경우 심한 긴장과 불안 증상으로 식은땀을 흘리는 등 매우 불편해하며, 그 고통을 견디기 위해 심지어 약을 먹기도 한다.

유사한 경우로, 비행공포증을 가진 사람이 가족을 방문하기 위해 어쩔 수 없이 비행기를 타기로 결심했는데, 여행 몇 주 전부터 걱정되고 불안하여 잠을 못 잔다면 그 사람은 비행공포증을 겪고 있다고 볼 수 있다. 따라서 특정공포증이라고 진단을 내리기 위해서는 그 사람이 공포 대상과 상황을 피하거나 또는 두려움을 느끼며 감내하지만, 두려움이 심각한 불편감을 일으키고 그 사람의 생활을 방해해야만 한다.

특정공포증으로 진단하기 위해서는 미국정신의학회의 『정신장애의 진단 및 통계 편람-제5판DSM-5』에서 제시한 기준에 맞아야 한다. ◆

 특정공포증의 진단기준 (DSM-5; APA, 2013)

A. 특정한 대상이나 상황(예: 비행, 고도, 동물, 주사 맞기, 피를 보는 것)에 대한 현저한 공포와 불안이 있다(주의: 아동의 경우, 공포나 불안이 울기, 떼쓰기, 얼어붙기, 칭얼거림 등으로 표현될 수 있다).

B. 공포 대상이나 상황에 노출되면 거의 예외없이 즉각적인 공포나 불안이 유발된다.

C. 공포 대상이나 상황을 적극적으로 회피하거나 심한 공포와 불안을 지닌 채 견디어낸다.

D. 특정 대상이나 상황에 의해 유발된 공포나 불안이 실제적인 위험이나 사회문화적 맥락에 비해 지나치다.

E. 공포, 불안 또는 회피가 계속되어야 하는데, 대체로 6개월 이상 지속되어야 한다.

F. 공포, 불안 또는 회피가 사회적, 직업적 또는 다른 중요한 기능 영역에서 임상적으로 심각한 고통이나 손상을 초래한다.

4. 특정공포증의 유형 및 유병률

1) 특정공포증의 유형

어떤 심리학자는 요인분석이라는 통계적 방법을 이용하여 4가지 종류의 공포 범주를 구분하였다. 여기에는 광장공포, 폐소공포, 의학적 처치에 대한 공포, 동물공포 등이 있다. 흥미로운 사실은 공포자극이 무선적이지 않다는 점이다. 가장 흔히 공포를 유발하는 자극은 인간의 진화 초기에 실제적인 위험이 있었던 대상이나 사건들이다. 뱀이나 거미에 대한 공포는 오늘날에는 부적응적인 것으로 보지만 옛날에는 적응적인 것이었다. 이에 비해 보다 '현대적'인 대상에 의한 공포증은 비교적 드물다. 예를 들어, 전기 콘센트는 위험하지만 실제로 콘센트 공포증은 드물다.

역사적으로 공포 대상이나 상황은 점차 변화하여 악마공포증 같은 것은 점차 사라지고 방사능 공포증, 초콜릿 공포증, 치과 공포증 등과 같은 새로운 공포증이 보고되기도 하지만, 일반인과 공포증 환자의 공포 대상 목록이 비슷하다는 점이 흥미롭다. 특정공포증의 종류는 굉장히 많고 다양한데, 동물, 높은 곳, 질병, 외상, 죽음의 순서로 많이 나타난다. 다음은 공포 대상의 성격에 따라 크게 4가지 범주로 구분한 것이다.

(1) 동물형 공포증

공포 대상이 동물이나 곤충인 동물형 공포증은 전형적으로 다른 공포증보다 더 이른 시기에 시작되며 대부분 아동기에 발병한다. 동물에는 뱀, 개, 고양이, 박쥐, 새 등이 있고, 곤충에는 거미, 지네, 바퀴벌레, 나비, 꿀벌 등이 있다.

아동의 발달 단계상 어떤 시기에 아동이 이런 동물이나 곤충을 두려워하는 것은 매우 보편적이지만, 이 대상에 대한 공포가 매우 강렬하고 심각하며, 아동의 일상적인 기능을 방해할 정도라면, 그리고 6개월 이상 지속된다면 이런 두려움은 공포증이라고 할 수 있다.

(2) 자연환경형 공포증

천둥번개, 높은 장소, 깊은 곳, 물, 불, 바람, 먼지, 어둠, 빛, 꽃과 같은 자연환경에 존재하는 대상에 의해 공포가 발생

하는 자연환경형 공포증이 있다. 자연환경형 공포증도 동물형
공포증과 마찬가지로 아동기에 발병한다.

(3) 혈액-주사-상해형 공포증

혈액-주사-상해형 공포증은 혈액이나 부상 당한 것을 보거
나 주사 혹은 기타 의학적 처치를 받을 때 나타나는 공포증이
다. 이런 공포증을 가진 사람은 의사를 피하기도 하고 심지어
꼭 필요한 의학적 절차조차도 피해버린다. 이 공포증의 흥미
로운 특징은 강렬한 혈관미주 신경반응이 나타나는 것이다.
이 유형의 75%는 혈관미주 신경반응으로 인해 공포 상황에서
경동맥이 자극을 받아 종종 기절하거나 거의 기절하기 직전의
경험을 하게 된다. 다른 유형과 달리 공포 상황에서 심장박동
수가 잠시 증가하다 떨어지고 혈압도 떨어지는 것이 특징이
다. 특정공포증 가운데 흔한 유형으로, 이 공포증은 다른 유형
의 공포증보다 가족 내에서 함께 보이는 경우가 많다.

(4) 상황형 공포증

상황형 공포증은 버스, 기차, 비행기 등의 대중교통이나 엘
리베이터 등의 폐쇄된 공간 또는 폐허, 계단, 터널, 교각, 군
중, 운전 등의 특수한 상황에 의해 유발되는 공포증이다. 이
유형의 공포증은 전체 연령 중 아동기와 20대 중반의 두 시기

에서 가장 높은 빈도로 발병된다. 상황형 공포증은 공황장애나 다른 특정 공포증과 동반하여 나타나는 경우가 많다.

(5) 기타 공포증

마지막 유형은 기타 다른 자극에 공포를 느끼는 유형으로, 주로 어린 아이에게 구토나 질식을 일으킬 수 있는 상황이 포함된다. 예를 들어, 광대, 풍선, 큰 소리, 플래시, 특정 음악, 초콜릿, 동그라미, 모서리 등을 두려워하는 공포증이 있다.

2) 특정공포증의 유병률

공포증은 흔한 정신장애이지만 대부분 치료를 받지 못하거나 잘못 진단되는 경우가 많다. 특정공포증은 불안장애 가운데 가장 흔한 장애다. 미국정신의학회에서 내놓은 DSM-IV에서 제시한 기준에 따르면, 특정공포증을 가진 사람은 10~11.3%로 10명 중 한 명꼴이다. 또한 2013년에 발표된 DSM-5에 따르면, 미국에서 1년 동안 특정공포증을 지닌 사람은 전체 인구 중 약 7~9%에 달하고, 평생 약 10~11.3%의 사람이 한 번쯤 특정공포증을 겪는다. 유럽의 경우 미국과 유병률이 비슷하고, 아시아, 아프리카, 남미에서는 2~4%로 낮은 편이다.

우리나라에서도 1986년에 미국정신의학회에서 제시한

DSM-Ⅲ에 따라 한국의 정신장애에 대한 역학조사가 실시되었는데, 연구결과 100명 가운데 다섯 명꼴로 공포증을 보였다 서울 전체 인구의 5.35%, 지방 전체 인구의 4.67%.

임상장면에서 특정공포증의 유형별 빈도를 살펴보면 상황형이 가장 흔하고, 다음으로 자연환경형, 혈액-주사-상해형, 동물형 순서로 나타난다. 혈액-주사-상해형 공포증의 경우 전체 인구의 3.1~4.5%가 이 공포증을 가지고 있으며, 특히 혈액공포증의 경우 20%의 사람이 정신과적 진단기준에 미치지 못하는 약한 정도의 공포증을 경험한다. 또한 혈액-주사-상해형 공포증은 가계 혈통이 있는 경우가 많아서 이 공포증을 갖고 있는 사람 중 61%가 가까운 가족 중에 유사한 공포증을 가지고 있었고, 특히 주사공포증이 있는 사람 중 29%가 가까운 가족에게서 주사공포증을 보였다.

일반인에게서 보이는 가벼운 공포와 특정공포증 모두 남성보다 여성에게서 더 많이 나타난다. 여자가 남자보다 2.1배가량 공포자극에 더 자주 영향을 받는데, 특정공포증으로 진단받은 집단에서의 여자 비율은 일반적으로 75~95%에 이른다. 하지만 공포 대상에 따라 조금씩 차이는 있다. 동물형, 자연환경형, 상황형 특정공포증은 여성에게서 더 많이 나타나는 반면, 혈액-주사-상해형 특정공포증은 여성과 남성 모두에게서 거의 비슷한 비율로 나타난다.

동물공포증의 경우, 여성의 6.6%와 남성의 2.4%가 이 공포증을 갖고 있다. 특히 한 연구에서는 남성의 20%와 여성의 55%가 뱀에 대해 극심한 두려움을 가지고 있다고 보고하였다. 하지만 이 공포증은 다른 공포증보다 두려움의 정도가 덜한 경우가 많다.

폐쇄된 곳을 두려워하는 폐소공포증의 경우 여성의 2.7%와 남성의 1.4%가 이 증상을 보였다. 경미한 정도의 폐소공포증은 이보다 훨씬 더 흔하다. 한 조사연구에 의하면 응답자 중 12%가 폐쇄된 장소에 대해 약간의 두려움을 가지고 있다고 말했으며, 5%는 극심한 두려움을 느낀다고 말했다.

특정공포증이 있는 사람은 보통 여러 유형의 공포증을 가지고 있다. 특정공포증을 가진 사람의 약 75%가 한 가지 이상의 공포 대상이나 상황을 두려워하는데, 천둥번개와 비행을 함께 두려워하는 경우, 자연환경형과 상황형 모두 진단된다. 또한 특정 하위형의 공포증이 나타나면 동일한 하위형의 또 다른 공포증을 갖게 될 가능성이 높아진다. 예를 들어, 고양이에 대한 공포증을 가진 사람이 동시에 뱀에 대한 공포를 가지는 경우다.

한편, 일반적으로 특정공포증이 발병하는 연령은 꽤 이른 편으로, 평균 10대 중반 무렵이다. 아동기에 특정공포증을 지니는 비율은 약 5%이고, 13세에서 17세 사이 청소년기에는 약 16%가 특정공포증을 겪는다. 그러나 나이가 들면서 점차 특정공포증을 겪는 사람의 비율이 줄어들어 성인은 약 3~5%가 특정공포증을 겪는 것으로 나타난다.

특정공포증의 여러 하위유형 간에는 발병 연령에서 큰 차이를 보인다. 예를 들어, 동물형, 자연환경형, 혈액-주사-상해형 공포증은 일반적으로 8~13세 사이의 아동기에 발병하고, 동물형은 더 이른 시기에 발병하는 경우가 많다. 상황형 공포증은 14~15세로 비교적 늦게 발병하며, 폐소공포증의 경우 일반적으로 20대 중반에 나타난다. ◈

5. 특정공포증의 주요 증상

1) 신체적 증상

특정공포증을 가진 사람은 공포 대상이나 상황에 직면하지 않을 때에는 거의 불안을 느끼지 않지만, 공포 대상이나 상황에 직면하게 되면 가슴이 심하게 두근거리고, 몸이 떨리며, 땀이 나는 등의 다양한 신체적 증상을 경험하게 된다. 예를 들면, 엘리베이터를 두려워하는 사람은 엘리베이터 안에 갇히게 되는 것을 염려할 뿐 아니라, 엘리베이터 안에서 숨을 못 쉬게 되는 것을 두려워한다. 비행을 두려워하는 사람은 비행기 안에서 숨이 가쁘다고 느낄 때 비행을 훨씬 더 두려워한다. 위의 예에서 알 수 있듯이, 이들이 두려워하는 것은 대상이나 상황뿐 아니라 그런 대상이나 상황에 직면할 때 나타나게 되는 신체감각이다.

공포증이 있는 사람은 왜 이런 신체감각을 두려워하는가? 신체감각은 두려움을 느낄 때 정상적으로 일어나는 신체적 반응일 뿐인데, 공포증이 있는 사람은 이것을 위험한 것으로 잘못 생각하여 두려워하는 것이다. 따라서 이런 신체적 반응이 왜 일어나는지를 이해하면, 이런 신체적 반응을 위험하다고 생각하는 것에서 많이 벗어날 수 있다.

우리가 위험을 지각하게 되면 투쟁/도피반응의 일부로서 신체적 변화가 일어나게 된다. 이런 신체적 변화는 사람으로 하여금 위험으로부터 자신을 보호하기 위해 즉각적으로 행동할 수 있게 준비시키기 위한 것이다. 우리의 몸은 위험을 지각하면 자율신경계 중 교감신경계로 응급사태라는 메시지를 보내서, 에너지를 방출하고 신체가 어떤 활동을 할 수 있게끔 준비시킨다. 이때 교감신경계는 실무율적으로 작용하여, 교감신경계가 활성화되면 그것의 모든 부분이 반응한다. 따라서 공포반응 동안 많은 신체적 변화를 동시에 경험하게 되는 것이다.

교감신경계에서 방출하는 화학물질인 아드레날린과 노르아드레날린은 교감신경계의 활동을 계속하게 만든다. 교감신경계의 활동은 화학전달물질인 아드레날린과 노르아드레날린이 신체의 다른 화학물질에 의해 파괴되거나, 교감신경계의 반대 효과를 가지고 있는 부교감신경계가 활성화되어 이완감을 회복함으로써 멈춘다. 즉, 신체는 충분한 투쟁/도피반응을 한 다음에 부교감신경계를 활성화시켜서 이완감을 회복하는 것이다. 결국 불안이나 공포반응은 영원히 지속되지도 않고 계속 증가하지도 않는다. 따라서 이런 신체적 변화는 생존을 위한 자연스럽고 무해한 것이라고 볼 수 있다.

교감신경계의 활성화로 인해 심장박동이 증가하고 강해지는데, 이것은 혈류를 빠르게 해서 조직에 산소를 많이 공급하여 활동을 돕고 노폐물을 제거하기 위한 것이다. 또한 조직에 더 많은 산소를 공급하여 활발히 움직이게 하기 위해서 호흡의 속도와 깊이도 증가한다. 교감신경계가 활성화되면 땀이 많이 흐르게 되는데, 열이 너무 많이 나지 않게끔 신체를 시원하게 하고 피부가 미끈거려서 위험한 대상에게서 쉽게 붙잡히지 않게 만든다. 이 외에도 더 많은 빛을 들어오게 하기 위해 동공이 확장되는데, 이로 인해 시야가 흐려지는 것을 느끼게 될 수 있다. 또한 투쟁/도피반응에 도움이 되지 않는 소화활동은 일시적으로 억제되어 타액이 감소하고 입도 마르게 된다. 또한 속에서 메스꺼움을 느끼거나 위가 묵직하거나 수축되는 것을 느낄 수 있다. 싸우거나 도망갈 준비를 하기 위해 근육들이 수축하는데, 이로 인해 근육의 긴장감이나 몸이 떨리는 것을 느끼게 된다.

혈액-주사-상해형 공포증 환자는 다른 하위유형과 달리 조금 독특한 생리적 반응을 보인다. 이들은 대부분의 공포증에서와 마찬가지로 심장박동 증가와 혈압 상승이 먼저 나타나는데, 나중에 이러한 신체 증상이 갑작스럽게 감소하면서 때로는 기절까지 하기도 한다. 그러나 이 모든 신체적 변화는 전반적인 신체의 대사활동을 활성화시키기 위한 것으로 자연스럽고 무해하다.

2) 인지적 증상

다음으로 공포 대상이나 상황에 직면했을 때 떠오르는 불안한 생각을 살펴보자. 이는 크게 2가지 유형으로 구분된다. 첫째는 대상이나 상황에 의해 직접적으로 해를 입는 것과 관련된 생각으로, 동물에게 물리는 것, 엘리베이터 안에 갇히는 것, 비행기 추락사고를 겪는 것, 바늘에 찔리는 것, 높은 데서 떨어지는 것 등과 관련된 생각이다.

두 번째 유형은 두려운 대상이나 상황에서 나타나는 자신의 감정이나 반응에 의해 해를 입는 것과 관련된 생각이다. 여기에는 엘리베이터 안에서 질식하는 것, 높은 곳을 올라갈 때 어지럼증 때문에 떨어지는 것, 비행기 안에서 심장박동이 갑자기 빨라져서 심장발작을 일으키는 것 등과 관련된 두려움이 포함될 수 있다.

이러한 불안한 생각은 워낙 습관화되어 있어서 찾기가 쉽지 않다. 그러나 실제로 공포 대상이나 상황에 직면해보거나, 직면하는 것을 상상하게 하면 불안한 생각을 훨씬 쉽게 찾을 수 있다. 대표적인 방법으로 행동평가가 있다. 먼저, 가능한 한 가까이 공포 대상에 접근하여 자신이 무엇을 생각하고 있는지를 스스로에게 물어보는 것이다. 예를 들어, 개에 대한 공포증이 있다면, 최대한 개에 가까이 다가간 다음 그때 무슨 생각이 떠오르는지를 생각해볼 수 있다. 또한 다음의 질문을 자신에게 던져본다. '더 가까이 다가가지 못하게 하는 것은 무엇인가?' '어떤 일이 벌어질 것이라고 생각하는가?' '무엇이 두려운가?'

만약 행동평가를 실제로 수행하기 어렵다면, 자신이 공포 상황에 있다고 상상한 다음 자신의 생각을 스스로에게 물어볼 수 있다. 비행공포증이 있는 사람이라면 자신이 비행기 안에 있고 비행기가 이륙하거나 비행 중이라고 상상한 다음, '이런 상황에서 나를 두렵게 하는 것은 무엇인가?' '이런 상황에서 무슨 일이 벌어질 것이라고 생각하는가?'와 같은 질문을 스스로에게 해본다.

이와 같은 작업을 한 다음, 자신의 생각을 다음의 〈자동적 생각 기록지〉에 기록해본다.

〈자동적 생각 기록지〉

공포 상황: 엘리베이터

두려워하는 상황과 관련된 생각

- 문이 안 열릴지 몰라.
- 엘리베이터 줄이 끊길지도 몰라.
- 엘리베이터가 낡아서 고장날 거야.
- 오랫동안 엘리베이터를 점검하지 않아서 작동하지 않을 수 있어.
- 내가 엘리베이터 안에 갇혔는데 어떤 사람도 나를 찾지 못할 수 있어.
- 내가 엘리베이터 안에 있을 때 지진이 날지 몰라.

내가 두려운 상황에서 느끼는 것과 관련된 생각

- 충분한 공기가 없어서 숨이 멎을 것 같아.
- 머리가 너무 아파서 기절할 것 같아.
- 너무 불안해져서 통제력을 잃고 비명을 지를 것 같아.
- 나가려는 욕구가 너무 강해서 문을 부술지도 몰라.
- 내기 불안해하는 것을 다른 사람이 본다면 나를 나약하다고 생각할 거야.

3) 행동적 증상

공포 대상이나 상황에 직면했을 때 어떤 행동이 나타나는지 살펴보자. 먼저, 위험에 대해 과잉경계를 하게 되어 몸 전체의 기관이 지나치게 활성화됨으로써 손이나 몸을 계속 움직이거나 떠는 행동을 보이기도 한다. 반대로 자발적인 움직임 자체가 억제되어서 얼굴이 굳어지거나 움직임이 둔하고 조악해지며, 세밀한 기술을 요하는 활동이 제대로 되지 않기도 한다. 또한 말을 더듬거나 말이 막히기도 한다. 이런 상반된 행동은 한 사람에게서 동시에 나타날 수 있으며, 상황에 따라 달리 나타나기도 하고, 사람에 따라서 어떤 행동이 더 전형적으로 나타나기도 한다.

공포 상황에서 가장 많이 나타나는 행동은 회피행동이다. 이런 회피행동은 분명하게 나타나기도 하지만, 아주 미묘하게 나타나기도 한다. 예를 들어, 엘리베이터 공포증이 있는 사람은 계단을 이용함으로써 엘리베이터 타는 것을 피할 수 있다. 이것은 적극적이고 분명한 회피다. 또한 엘리베이터에 타서는 자신이 다른 곳에 있다고 상상할 수도 있다. 이것은 소극적이고 미묘한 회피다. 유사하게, 거미공포증이 있는 사람이 거미가 걸려 있는 다락방에 올라가지 않는 것은 분명한 회피이지만, 거미살충제를 권장사용량보다 훨씬 더 많이 사용하는 것은 미묘한 회피다. 이와 같이 분명한 회피는 공포 대상이나 상황을 직면하기를 적극적으로 회피하는 것인 반면, 미묘한 회피는 공포 대상이나 상황의 영향을 최소화하기 위해 공포 상황에서 보이는 대처행동이라 할 수 있다.

사람들은 두렵고 불편하기 때문에, 그 대상이나 상황을 피함으로써 겪지 않으려는 것이다. 이만큼 회피행동은 자연스러운 대처 방법이다. 게다가 두려운 대상이나 상황에서 도피함으로써, 심한 긴장감에서 일시적으로 벗어나 안도감을 얻는다. 긴장과 불안 수준이 크면 클수록 이런 안도감은 꿀맛과 같다. 따라서 안도감을 느끼기 위해서라도 도피하려는 욕구는 더 강해진다. 또한 회피했던 대상이나 상황에 대한 두려움은 더욱 커진다. 회피할수록 더욱 두려워지고, 두려울수록 더욱 회피하게 되는 회피와 두려움 간의 계속되는 악순환의 고리가 만들어지는 것이다.

이처럼 분명한 행동이든 미묘한 행동이든 간에 회피는 두려움을 유지하는 데 중요한 역할을 한다. 공포증이 있는 사람은 회피를 함으로써, 자신이 두려워하는 것에 직면한다면 위험해질 거라는 자신의 믿음에 대해 확신을 갖게 된다. 즉, 회피함으로써 자신이 두려워하는 것이 실제로 그렇게 위험하거나 두려워할 만한 것은 아니라는 것을 깨달을 수 있는 재학습의 기회가 없어지게 된다. 그런데 이런 재학습은 공포증을 극복하기 위해서 꼭 필요한 것이다. 예를 들어, 동물공포증이 있는 사람은 무해한 동물과 같이 있어 봐야 동물이 해를 주지 않을 수도 있다는 것을 배울 수 있다.

이와 같이 모든 회피행동은 위험에 대한 잘못된 생각을 더욱 강화시키고, 불필요한 안도감을 준다. 따라서 회피함으로써 단기적으로는 불편감이 완화될 수 있지만, 장기적으로는 두려움을 극복하는 데 방해가 된다는 사실을 명심해야 한다. ◆

6. 다른 장애와의 비교

불안 및 공포반응은 많은 심리적 장애에 공통적으로 나타나는 현상이다. 따라서 특정공포증과 다른 심리적 장애에 나타나는 불안이나 공포반응을 구분할 필요가 있다.

1) 광장공포증

광장공포증은 즉각적으로 피하기 어려운 장소나 상황에 처하는 것에 대해 두려움을 보이는 장애로, 상황형 특정공포증과 여러 면에서 유사하여 구분하기가 쉽지 않다. 먼저, 둘 다 상황을 두려워하고, 그 상황을 피하려 하며, 심한 경우 불안이나 공포반응이 심해서 공황과 유사한 증상까지 나타날 수 있다. 하지만 이 둘 사이에는 중요한 차이점이 있다.

첫째, 상황형 특정공포증은 광장공포증이 나타날 수 있는 상황 가운데 한 가지 종류의 상황에 한정되어 나타나는 데 반해, 광장공포증을 지닌 사람은 2가지 이상의 여러 상황에 걸쳐 확산적인 불안을 나타낸다. 예를 들어, 비행기나 엘리베이터를 타는 것을 두려워하는 사람이 다른 광장공포증적 상황에 대해서는 두려워하지 않는다면, 특정공포증으로 진단내리는 것이 맞다. 그러나 비행기나 엘리베이터를 타는 것을 두려워하는 사람이 사람들과 함께 줄을 서는 거나 군중 속에 있는 것과 같은 다른 종류의 상황 또한 두려워한다면, 광장공포증으로 진단내리는 것이 보다 타당할 것이다.

둘째, 광장공포증은 공황과 유사한 증상이나 아무것도 할 수 없게 무력화하는 증상 등이 나타날 때, 그 상황으로부터 벗어나기 어렵거나 도움을 받지 못할 거라는 생각 때문에 이러한 상황을 두려워하고 회피한다. 반면, 상황형 특정공포증은 비행기 추락이나 동물에 물리는 것과 같이 공포 대상이나 상황으로 인해 직접적인 해를 입거나, 대상이나 상황에 대한 반응으로 인해 해를 입을지 몰라서 두려워한다.

2) 공황장애

공황장애는 예기치 않은 공황 발작이 반복적으로 일어나는 장애를 말하는데, 특정공포증 또한 공포 대상이나 상황에 직

면했을 때 공황발작을 경험할 수 있다는 점에서 구분하기 쉽
지 않다. 그러나 특정공포증의 경우 특정 공포 대상이나 상황
에 반응해서만 공황발작이 일어나는 반면에, 공황장애는 특
정 대상이나 상황에 대해서가 아니라 예측하기 어려운 상황에
서 공황발작을 경험할 때 진단된다.

예를 들어, 엘리베이터 안에서 공황발작을 경험한 회사원
이 엘리베이터를 타야만 하는 직장에 나가는 것을 두려워한다
고 가정해보자. 그가 이후에 엘리베이터 안에서만 공황발작을
일으킨다면, 엘리베이터에 대한 특정공포증으로 진단을 내릴
수 있다. 그러나 다른 상황에서도 예기치 못한 공황발작을 경
험한다면, 공황장애로 진단 내려야 한다.

3) 사회불안장애

사회불안장애는 다른 사람으로부터 부정적 평가를 받거나
다른 사람들 앞에서 당황스럽고 수치스럽게 행동할까 봐 사회
적 상황을 회피하고 두려워하는 장애다. 특정공포증과 사회불
안장애를 구분하는 데는 공포의 초점이 기준이 된다. 사회불
안장애를 가진 사람은 다른 사람들로부터의 평가를 두려워하
는 반면, 특정공포증은 특정한 대상이나 상황으로부터 받게
될 위해를 두려워한다.

예를 들어, 다른 사람으로부터 부정적 평가를 받을까 봐 다른 사람 앞에 나서는 것을 두려워한다면, 그 사람은 사회불안장애로 진단 내려야 할 것이다. 반면, 군중 속에서 갇히게 되고 질식할까 봐 두려워한다면 그 사람은 상황형 특정공포증으로 진단 내리는 것이 적절할 것이다.

4) 외상후 스트레스 장애

심한 외상이나 스트레스를 겪은 후에 흔히 공포반응이 나타난다. 이 경우 생명을 위협할 정도의 극심한 스트레스를 경험한 후 회피가 나타나고, 외상의 재경험이나 경직된 감정 상태 등의 다른 부가적인 증상들이 함께 나타나 외상후 스트레스 장애의 진단기준을 충족시킬 때는 외상후 스트레스 장애로 진단한다.

5) 강박장애

강박장애를 가진 사람 또한 특정 대상이나 상황을 회피하는 경향이 있다. 이런 사람은 대상이나 상황 자체를 두려워해서 피하기보다는, 더러움이나 오염 등에 대한 강박으로 인해 불안이나 공포를 경험하여 피하는 것이다. 예를 들어, 청결에 대해 강박적으로 집착하는 사람은 공중전화나 손잡이를 피하는 경향이 있다. 또는 HIV와 같은 혈액 매개 병원균으로 인한 오염을 두려워하여 병원 등의 상황을 피하거나, 다른 사람을 자신이 해칠지 모른다는 강박적 생각 때문에 두려워서 사람을 만나는 상황을 피하기도 한다.

6) 정신분열증이나 다른 정신병적 장애

정신분열증이나 다른 정신병적 장애에서도 어떤 대상이나 상황에 대한 공포반응과 회피행동이 흔히 나타날 수 있다. 하지만 이러한 공포와 회피반응이 망상적인 사고 때문에 나타나는 것이라면, 특정공포증으로 진단될 수 없다. ◈

특정공포증은
왜 생기는가

2

1. 정신분석 이론

공포증에 대한 현재의 정신분석 이론은 프로이트Freud가 공포신경증에 대해 마지막으로 공식화했던 『억제, 증상 그리고 불안』이라는 그의 저서에 기반을 둔다. 프로이트는 이 책을 통해 불안이 위험에 대한 자아의 반응이라는 기본적인 생각을 제안하였다. 불안의 주요 기능은 감추어진 무의식적 추동이 의식적으로 표출되는 데 대해 자아가 위협을 느끼고 있음을 나타내는 신호다. 불안을 통해 위협적인 본능적 힘에 대해 방어하라고 자아에게 경고하는 것이다.

불안을 유발하는 충동이나 욕구는 밖으로 표출되고자 하나, 초자아는 이러한 욕구가 위협적이기 때문에 무의식 속으로 계속 억압하려 한다. 즉, 표출되고자 하는 원초아의 욕구와 억압하고자 하는 초자아 사이에 갈등이 발생하게 된다. 이러한 갈등으로 인해 원초적인 추동이나 욕구가 무의식 속으로 억압되면서 구체적인 내용은 없어지고, 모호하며 근거 없는 불안 상태가 생겨나게 된다. 이런 신경증적인 모호한 불안 상태는 매우 참기 어렵다. 따라서 자아는 정체불명의 불안으로부터 자신을 방어하기 위해, 덜 위협적이고 중요하지 않은 외부 대상에 대한 불안이나 공포의 형태로 바꾸어 내적인 추동과 불안을 표출하게 하는데, 이렇게 특정공포증이 생겨나게 된다.

무의식적 욕구에 대한 불안이 외부 대상에 대한 공포증으로 바뀌어 나타나게 되면, 원초아의 입장에서는 다른 왜곡된 형태공포증로 어느 정도 무의식적 욕구가 표출되는 것이고, 초자아의 입장에서는 위협적인 욕구가 의식 상태로 나타나지 못한 채 무의식 속에 계속 머물러 있으므로 타협을 형성하게 되는 셈이다. 이런 맥락에서 보면, 공포증은 무의식적 충동이나 욕구가 위장하여 해결된 것이라고 할 수 있다.

고전적 정신분석에서는 공포증을 어린 시절 해결되지 않은 오이디푸스 콤플렉스와 관련하여 이해하였다. 오이디푸스 콤플렉스는 성기에 대한 관심이 높아지는 3~6세 시기에 성에 대한 아동의 관심이 자연스럽게 이성의 부모에 대한 관심으로 넘어가 이성의 부모를 사랑하고 소유하고자 하면서 느끼게 되는 갈등을 말한다. 즉, 아들이 어머니를 사랑하고 독점하려는 욕구 때문에 아버지에게 질투를 느끼지만, 동시에 아버지에게 사랑받고 수용되고자 하면서 갈등은 극에 달한다. 아들은 어머니와 아버지의 세대와 자신의 세대가 다름을 구분하지 못하고, 삼자 관계에서 성에 대한 미숙한 환상을 갖게 되며 성과 애착을 구분하지 못한다. 즉, 부모를 사랑의 대상이자 경쟁의 대상으로 보게 되면서 심리 내적 갈등을 겪게 된다.

오이디푸스 콤플렉스는 이처럼 심리성적 발달시기 가운데 남근기의 성적충동이 근친상간적 색채를 띠기 때문에 불안을 야기하는 경향이 있다. 이러한 경우에 불안은 자아에게 충동을 억압할 것을 경고한다. 억압이 성공적이지 못할 경우에는 다른 부수적 방어기제들을 사용하는데, 공포증 환자는 주로 전치displacement, 투사projection, 회피avoidance 기제를 사용한다. 전치는 원래의 무의식적 대상에게 가졌던 감정을 덜 위험한 대상에게 옮겨서 나타내는 것을 말하며, 투사는 무의식 속에 가졌던 충동을 다른 사람의 것으로 돌리는 것이다. 좀 더 자세히 살펴보자.

프로이트는 오이디푸스 콤플렉스와 거기에서 유래한 거세공포, 근친상간에 대한 불안, 기타 성적 흥분에 따르는 갈등이 불안을 초래하며, 이때 불안은 그러한 용납되지 않는 무의식적 갈등을 경고하는 것이라고 설명한다. 그리고 이 불안은 방어기제의 하나인 억압으로 해결되지 않으면, 전치에 의해 다른 외부 내상으로 옮겨져 그에 대해 공포를 가지게 된다고 설명한다. 이때 갈등의 내용과 공포 대상 간에는 직접적으로 연상적 또는 상징적인 관련이 있다. 그리고 새로운 공포 대상은 외부에 있으며 구체적인 것이므로 피할 수 있는 것이다. 여기에 상징화와 회피의 방어기제가 보조적으로 사용된다.

이 이론은 고전적 증례보고, 즉 아버지 대신 말을 두려워한 5세 아동인 한스의 정신분석을 통해 제시되었다. 현재 정신분석에서는 성적 갈등뿐 아니라 이별과 상실로 인한 심적 고통, 자기상실, 수치와 죄책감, 점차 증가하는 욕구로 인한 불안정감도 불안의 원인으로 추정하고 있다.

한편, 부인denial에 의해 공포를 감추고 반대급부로 그 대상에 직면하여 공포를 극복하려는 행동이 나타날 수 있는데, 이를 역공포적 태도counterphobic attitude라고 한다. 여기에는 위험한 스포츠, 바위타기, 낙하산 뛰어내리기 등이 있다. 이때 방어기제는 공격자와의 동일시다. 오이디푸스 콤플렉스의 경우, 결국 아버지와 자신을 동일시하여 아버지의 모습을 닮고자 노력함으로써 이러한 갈등을 성공적으로 극복하게 된다.

〈어린 한스〉

'어린 한스'는 프로이트가 1909년에 보고한 공포증의 고전적인 사례다. 한스는 다섯 살짜리 남자아이인데, 말을 매우 무서워했고 집 밖으로 나가려고 하지 않았다. 이 사례의 중요성은 많은 정신분석학자에 의해 입증되었다. 프로이트의 전기를 쓴 어니스트 존스Ernest Jones는 이 사례를 "아동 분석의 찬란한 성공작"이라고 하였으며, 유명한 연구가인 글로버Edward Glover 는 "정신분석학 문헌 중 가장 가치 있는 연구결과 중의 하나" 라고 하였다.

프로이트는 한스를 한 번밖에 보지 않았으며, 한스의 아버지가 보낸 편지에 기반을 두고 한스를 분석하였다. 한스가 공포증으로 고생하기 2년 전인 세 살 때 한스는 자신의 신체 일부에 관심과 호기심을 많이 보이고 자신의 성기를 만지작거렸다. 6개월이 지난 후 한스의 어머니는 한스의 손을 한스의 성기에 끌어다 놓고 자꾸 그런 장난을 치면 고추를 잘라버리겠다고 위협했다. 한스가 네 살 반이 되었을 때 여름휴가 동안 한스는 어머니를 '유혹'하려고 했다. 어머니가 되도록 한스의 성기를 건드리지 않으면서 주변에 파우더를 발라주고 있는데, 한스가 이렇게 말했다. "엄마, 손으로 거기를 건드려주지 않을래요?"라고 하였고, 어머니는 "그건 아주 불결한 짓이야"라고 말했다. 한스는 "불결한 게 뭐예요? 왜요?"라고 하자, 이번에는 "그건 옳은 게 아니야"라고 답했다. 그러자 한스는 웃으면서 "하지만 무척 재미있는데"라고 말했다.

프로이트는 이 일을 한스가 강한 성적 충동을 지녔다는 증거로 생각했다. 프로이드에 따르면, 이 욕구는 어머니에게 향해 있고 거세에 대한 두려움 때문에 억압되어 있는데, 이런 성

적 욕구가 해소되지 않으면 결국 신경증적 불안으로 변한다고
한다.

공포증의 첫 증상은 약 6개월 후에 나타났다. 유모가 한스
와 함께 나들이를 가려고 마차를 준비시켰을 때 한스는 갑자
기 울음을 터뜨리며 "집에 가서 엄마와 놀고 싶어"라고 하였
다. 나중에 한스는 말이 자신을 물 것 같아서 나가기 무섭다고
하면서 특히 말의 입 주변의 까만 부분이 무섭다고 하였다.

프로이트는 이 사건이, 한스가 어머니에게 유아적인 성적
관심을 가져 아버지를 사랑의 경쟁자로 느끼면서도, 다른 한
편으로는 어머니를 너무 사랑하게 되면 아버지의 사랑을 잃
지 않을까 두려워하는 오이디푸스 콤플렉스를 반영하는 것이
라고 생각하였다. 즉, 어머니에 대한 한스의 성적 욕구는 자
신이 처벌받을지도 모른다는 생각 때문에 불안으로 전환된
것이었다.

한스가 두려움을 느낀 원래 대상은 한스의 아버지였지만,
그 두려움은 아버지를 상징하는 말로 바뀌게 되었다. 말의 검
은 재갈 부분과 눈가리개는 아버지의 수염과 안경에 대한 상
징적인 표현물로 볼 수 있다. 한스는 말에 대한 두려움을 통해
아버지로부터 사랑을 잃을지 모른다는 두려움을 무의식적으
로 피하는 데 성공했으며, 동시에 한스가 가장 사랑하는 대상
인 어머니와 집에서 보다 많은 시간을 보낼 수 있게 된 것이다.

프로이트의 『논문 모음집』에는 한스의 사례가 약 140페이지를 차지할 정도로 매우 상세하게 기록되어 있다. 하지만 월프Wolpe와 라흐만Rachman이 지적한 것처럼 이 사례에는 많은 논리적 비약이 숨어 있다. 첫째, 한스가 어머니와 성적으로 접촉하기를 원했다는 증거가 상당히 미약하다. 이는 한스가 자신의 어머니를 성적으로 소유하고 아버지를 대신하고 싶었다는 것을 의심스럽게 한다. 둘째, 한스가 아버지를 싫어했거나 무서워했다는 증거가 빈약하고, 원문에서 나타났듯이 한스는 말과 아버지 간의 어떠한 상징적인 연결도 직접적으로 부인했다. 그러나 이런 부인이 연결에 대한 원인으로 해석되었다. 셋째, 강렬한 성적 흥분이 불안으로 전환된다는 어떠한 증거도 없다. 게다가 한스가 말과 관련된 어떤 사고로 겁을 먹은 일이 있은 후에 말을 두려워하게 되었다는 점은 고전적 조건형성으로 보다 쉽게 설명될 수 있다물론 이런 해석에도 문제가 있긴 하지만.

그러나 정신분석가들은 행동치료를 비롯한 많은 치료기법을 통해 공포 증상이 없어진 후에도 새로운 증상이 일어난다는 점을 지적하면서, 정신분석이 인과적이고 영구적으로 작용하는 치료라고 주장한다. 예를 들면, 폐소공포증이 있었던 50대 주부는 체계적 둔감법에 의해 폐소공포증이 없어진 이후에 우울증이 생겼다. 이와 같이 공포증 내담사 가운데 상당수가 공포 증상이 호전되면 다른 종류의 증상을 보인다는 사실을 고려할 때, 정신분석가들은 행동치료의 지속성에 대해 의문을 제기하면서 공포증 이면에 있는 근본적인 갈등을 분석하는 정신분석치료의 우수성을 역설하였다.

따라서 어떤 이론이 옳다고 단정 지을 수 없으며 이런 결정은 사례에 따라 달라질 것이다. 그러나 정신분석 이론이 공포증의 모든 측면을 설명하고 치료할 수 없을지는 모르지만, 다른 이론들에서 간과하고 있는 공포증의 기원이나 역동적인 의미를 살펴보게 함으로써 공포증에 대한 깊이 있고 중요한 이해에 도달하게 한다는 점은 부인할 수 없는 사실이다. ◈

2. 학습 이론

특정공포증의 발생과 유지의 기제를 이해하고 설명하는 데 가장 기여한 이론은 행동주의 이론에 바탕을 둔 학습 이론이라 할 수 있다.

1) 조건형성

행동주의 이론가들은 공포증이 발달되는 중요한 경로 중 하나로 고전적 조건형성을 들고 있다. 만약 당신이 개를 볼 때마다 개가 심하게 짖었다고 가정해보자. 혐오스럽고 겁을 주는 심한 개 짖는 소리와 개가 짝지어 제시되는 것이다. 그리고 이 상황이 반복해서 제시되면 당신은 개를 볼 때마다 개가 공격적으로 짖으리라는 것을 학습하게 되어, 단지 개를 보는 것만으로도 두려워하게 된다. 어린 앨버트의 예를 잘 살펴보면 공포증이 어떻게 생겨날 수 있는지를 알 수 있다.

이와 같이 행동주의 이론에서는 공포증이 고전적 조건형성된 반응으로 나타난다고 보았다. 즉, 공포를 일으키는 자극과 무해한 중립자극을 반복적으로 짝지어 제시하면, 나중에는 무해한 중립자극에도 공포를 느끼게 된다는 것이다.

예를 들면, 불안이나 공포를 잘 느끼는 경향이 있는 사람이 운전하고 가다가 교통사고를 당했다고 가정해보자. 이때 자동차 운전과 같은 특정 사건이 교통사고와 관련된 고통스러운 감정을 느꼈던 경험과 짝지어지면서, 이후에는 교통사고를 직접 경험하는 것이 아님에도 자동차를 보거나 운전하는 것만으로도 공포반응이 일어나 자동차와 운전을 두려워하게 된다.

한편, 한 번 발생한 공포증은 직접적인 공포자극이 사라진 이후에도 공포자극에 대한 회피행동으로 오랫동안 지속되는 경우가 많다. 이는 고전적 조건형성에 의해서 설명될 수 없는 부분이다. 그래서 마우러Mowrer는 2요인 이론을 통해 공포증의 발생은 고전적 조건형성으로 설명되고, 유지는 조작적 조건형성에 의해 설명할 수 있다고 주장하였다.

사람은 불안하면 고통스러운 감정을 느끼지 않기 위해 미리 방지하려는 욕구가 생기게 된다. 그러다 불안을 유발하는 자극과 이에 뒤따르는 불안의 고통을 피할 수 있는 행동을 우연히 학습하게 되는데, 이러한 회피 행동은 고통을 감소시켜주기 때문에, 긍정적인 보상으로 작용하여 증가하게 된다. 회피 행동의 학습은 이처럼 회피조건형성을 통해 이루어지며, 오랫동안 계속 반복하는 패턴으로 안정적으로 남아있게 된다.

즉, 공포증이 처음 발생할 때, 공포자극과 무해한 중립자극을 짝지어 제시하게 되면, 중립자극도 불안을 일으키게 된다는 것을 고전적 조건형성으로 설명할 수 있다. 반면에, 공포증의 유지와 관련해서는, 공포자극을 회피하는 행동은 불안과 두려움을 줄여주기 때문에 보상이 되어 공포증이 계속 유지된다고 할 수 있다.

〈어린 앨버트〉

유명한 행동주의 심리학자인 존 왓슨John Watson은 로잘리 레이너Rosalie Rayner와 함께 1920년에 11개월 된 앨버트라는 아기를 대상으로 실험을 하였다.

실험을 하기 전의 앨버트는 동물에 대해서 전혀 두려움을 느끼지 않았고 동물과 노는 것을 좋아하였다. 하지만 앨버트가 흰쥐에게 다가가려 할 때마다 실험자가 앨버트의 등 뒤에서 망치로 철판을 내리쳐서 꽝 소리를 내어 앨버트가 두려움을 느끼게 하였다. 이런 절차를 다섯 차례 반복하자, 앨버트는 꽝 소리가 나지 않고 단지 흰쥐만 보게 되더라도 무서워서 울음을 터뜨렸다. 처음에는 큰 소음과 연결되었던 공포가 이전에는 무해한 중립자극이었던 흰쥐에 의해서도 유발된 것이다. 이 연구는 고전적 조건형성과 공포증이 어떻게 관련되는지를 보여주는 좋은 사례다.

그러나 이 연구는 발표 후에 많은 연구자와 일반인에게 비판을 받았다. 11개월밖에 안 된 갓난아기에게 훗날 심각한 영향을 줄지도 모르는 실험을 했다는 것은 과학자의 윤리성에 위배되는 행동이었다는 것이 주요 비판 내용이었다. 그 후로 실험에 참가하는 피험자들에 대한 윤리 규정이 매우 강력해진 것은 당연한 결과다.

2) 준비성 가설

공포증에 대한 조건형성 이론으로 설명될 수 없는 부분이 있다. 동일한 자극에 대해서도 어떤 사람은 공포반응을 보이는 반면, 다른 사람들은 그렇지 않다는 것이다. 무서운 폭풍우와 같이 강한 공포자극에 대해서 모든 사람이 공포반응을 보이는 것은 아니다.

공포증에 대한 조건형성 이론의 이러한 한계점은 준비성 가설에 의해 보완되어 보다 가치 있는 이론이 될 수 있다. 즉, 어떤 자극은 다른 자극에 비해 보다 쉽게 조건형성된다는 것이다. 뱀, 거미, 개, 천둥, 불과 같은 자극은 총, 칼, 망치보다 더 쉽게 공포증을 형성한다. 마틴 셀리그만Martin Seligman은 공포증은 고전적 조건형성으로 인해 형성되지만, 형성되기 이전에도 개인이 생리적으로 민감한 중립자극에 대해서만 그렇다고 제안하였다. 즉, 일부 실험에서 고전적 조건형성으로 공포를 형성한 중립자극에 대한 공포가 쉽게 사라진 것은, 공포자극과 연결시킨 중립자극들이 공포로 학습될 준비가 안 된 자극을 사용했기 때문이다.

셀리그만은 특히 인간이 오랜 진화과정을 통해서 생존을 위협하는 특정한 자극에 대해서 보다 쉽게 공포반응을 학습하는 생물학적 경향성을 지니고 있다고 설명하였다. 따라서 빵이나 책상과 같이 생존에 위협적이지 않은 자극에 비해 뱀이나 높은 곳과 같이 생존에 위협적인 자극이 더 쉽게 공포반응이 학습될 뿐 아니라, 이러한 위협적 자극에 대해 일단 공포반응이 형성되면 소거 또한 잘 되지 않는다.

준비성에 대한 예를 살펴보자. 쥐는 어떤 음식을 먹은 후 배탈이 나면 먹이를 먹은 지 몇 시간 후에 배탈이 나더라도 다음부터는 그 먹이의 '맛'을 피하도록 학습된다. 그러나 먹이를 '보는 것'에 대해서는 회피조건이 형성되지 않는다. 쥐는 전기충격과 연결된 빛을 회피하는 것은 쉽게 학습하지만, 전기충격과 연합된 맛을 회피하는 것은 학습히지 못한다. 따라서 미각과 배탈맛-구토이나 시각과 촉각빛-전기충격은 쉽게 연합되지만, 시각자극과 배탈먹이를 보는 것-구토, 미각과 촉각맛-전기충격은 쉽게 연합되지 않는다.

셀리그만은 이런 일련의 연구들을 통해, 인간의 경우 공포증도 포함하여 어떤 연합은 쉽게 학습할 수 있고 어떤 연합은 그렇게 되지 않는다고 가정하였다. 막스Max 역시 인간이 어떤 특정한 형태의 물체와 사건만을 두려워하는 경향이 있다고 지적하였다. 사람들은 개, 고양이, 뱀에 대한 공포증을 가지고 있을 수 있지만 양을 무서워하는 사람을 만나기란 쉽지 않다.

어떤 두려움은 쉽게 학습될 수 있다는 생각은 다양한 자극을 조건자극으로 사용한 연구에 의해 지지되었다. 연구자는 실험에 참가한 사람들에게 뱀, 말, 사람의 얼굴 사진들을 중립자극으로 보여주었다. 참여자의 절반은 뱀 사진을 본 직후 공포자극인 전기충격을 받았고, 나머지 사람들은 말이나 사람의 얼굴을 본 후 전기충격을 받았다. 그리고 불안과 긴장 정도를 측정하기 위해서 손에 땀이 얼마나 나는가를 알아보는 피부전도반응을 사용하였다. 피부전도반응이 곧 공포반응이자 조건반응으로 이용된 것이다. 이런 짝짓기의 조건형성 단계가 끝난 후에, 중립자극인 사진만 보여주고 공포자극인 전기충격이 뒤따르지 않는 소거가 이루어졌다. 소거란 이전에 연합된 공포자극과 중립자극 간의 연결을 끊어서 더 이상 중립자극이 조건반응을 유발하지 않도록 하는 것이다.

실험 결과, 중립자극과 공포자극을 반복적으로 연합시키는 조건형성 단계에서는 두 집단이 비슷한 정도의 피부전도반응을 보였다. 그러나 소거 단계에서는 말이나 얼굴 사진에 대한 조건반응은 빨리 감소한 반면, 뱀 사진에 대한 조건반응은 여전히 강하게 나타났다. 즉, 말이나 얼굴에 대한 공포반응은 빨리 사라진 데 반해, 뱀에 대한 공포반응은 사라지지 않았다. 따라서 조건형성으로 획득된 조건반응은 뱀 사진과 보다 오랫동안 연합되었다고 할 수 있다. 하지만 준비성이 있는 자극에 대한 조건반응이 보다 쉽게 학습되거나 강도가 더 크다는 말은 아니다. 단지 보다 천천히 없어지는 것이다. 더구나 약한 전기충격이 실제로 공포를 유발했는지도 의문이다.

특정공포증은 실제로 적절한 치료를 받으면 아주 쉽게 소거, 즉 사라질 수 있다. 그러나 치료를 받지 않으면 공포증이 계속 유지되는 이유는 공포증 환자가 자신이 두려워하는 자극을 계속 회피하기 때문이다. 따라서 준비성 가설은 회피조건형성을 포괄적인 공포증 설명 모델로 보충해주는 데는 미약하지만, 이 가설을 통해 공포증을 가진 사람이 아무 자극이나 다 두려워하지는 않는다는 것을 알 수 있다.

3) 모방하기

공포반응은 다른 사람의 반응을 보고 따라함으로써 학습될 수도 있다. 단지 다른 사람의 모습을 보면서 그의 감정적 반응을 포함해 광범위한 행동을 배우는 것이다. 다른 사람을 관찰함으로써 반응을 학습하는 것을 일반적으로 관찰학습이라 한다.

반두라Bandura와 로젠탈Rosenthal은 회피조건형성 상황에서 실험에 참여하는 피험자들에게 모델보고 따라 행동할 대상. 여기서는 연구자와 미리 약속된 실험 보조자을 보도록 하였다. 모델은 독특하게 생긴 전자장치에 손이 묶여 있었다. 삐 하고 부저가 울리자 모델은 재빨리 손을 의자에서 빼내려 하였고 아픈 척하였다. 연구자는 이때 이 행동을 바라보고 있는 피험자의 생리적 반응을 측정하였다. 실험 결과, 모델이 여러 번 고통받는 것을 본 후에는 부저가 울릴 때마다 피험자들의 감정적 반응이 증가함을 볼 수 있었다. 피험자들은 끔찍한 사건을 직접 경험하지 않았음에도, 무해한 자극에도 정서적으로 반응하기 시작한 것이다.

미네카Mineka는 뱀을 아주 무서워하는 부모 원숭이가 새끼 원숭이를 키우는 실험을 통해 관찰학습을 연구하였다. 관찰학습 시기에 새끼 원숭이는 부모 원숭이가 진짜 뱀과 장난감 뱀은 아주 무서워하고 다른 물건에는 무서워하지 않는다는 것을 관찰하였다. 이런 식으로 여섯 차례 관찰을 한 결과, 새끼 원숭이는 뱀에 대해 부모 원숭이가 보이는 만큼의 공포반응을 보였다. 이러한 공포반응 행동은 3개월 후에도 지속되었다.

관찰학습은 언어적 지시와 더불어 사용될 수 있다. 즉, 다른 사람이 공포를 느끼는 것을 보면서 동시에 어떤 상황인지를 말로 설명해주는 것을 통해서 공포반응이 학습될 수 있다. 일상적인 생활에서 예를 들어보자. 엄마가 아이에게 원치 않는 결과가 생기지 않게 하고 싶어서 어떤 행동을 하지 말라고 누차 경고할 수 있다. 가령, 자꾸 장난을 치면 혼이 날 거라는 말을 함으로써 그 행동을 하지 않도록 할 수 있다. 이것을 언어적 지도라고 한다.

이처럼 부모나 중요한 주변 사람들과의 언어적 · 비언어적 의사소통을 통해 특정 대상이나 상황에 대한 공포를 습득할 수 있다. 비행기를 타 본 적도 없는 사람이 부모나 주변 사람들에게서 비행기 추락 사고를 비롯한 비행 관련 무서운 경고를 반복적으로 듣다보면, 비행공포증을 가질 수 있다.

그러나 고전적 조건형성에서처럼 관찰학습 이론도 모든 공포증을 완전히 설명하지는 못한다. 무엇보다도 치료를 원하는 공포증 내담자는 종종 다른 사람이 두려움을 느끼는 것을 본 후에 두려움을 느끼게 된 것은 아니라고 보고한다. 또한 많은 사람은 다른 사람들의 나쁜 경험에 노출되지만 모두 다 공포증을 갖게 되는 것은 아니다. ◈

3. 인지 이론

공포증이 있는 사람은 다른 사람들이 볼 때는 명백한 위험이 없는데도 두려움을 느끼는 것처럼 보인다. 그러나 인지 이론가들은 이러한 생각에 도전하면서, 다른 사람들이 보았을 때는 명백한 위험이 없어 보이지만 공포증을 가진 사람의 관점에서는 그렇지 않다고 주장하였다. 공포증이 있는 사람이 자신의 현재 상황이 상당히 위험하다고 지각하고 있으며 그렇기 때문에 두려움을 느낀다면, 이는 지극히 자연스럽고 당연한 결과라는 것이다.

인지 이론에서는, 어떤 사람이 불안이나 공포를 느끼게 되는 것은 두려운 일이 일어났기 때문이 아니라 그 사람 자신이 어떤 일을 두렵다고 지각하고 해석했기 때문이라고 가정한다. 예를 들어, 피에 대한 공포증이 있는 사람은 피가 난 사건 자체보다는 피가 남으로써 감염되거나 지혈이 되지 않아 생명이 위태로워질지 모른다고 생각하기 때문에 두려워진다. 특히 공포증을 가진 사람은 일상생활 속에서 있을 수 있는 위험을 과대평가하는 경향이 있다. 그렇다면 공포증이 있는 사람이 왜 이런 식으로 위험을 과대평가하게 되는가?

1) 인지도식 이론

인지도식 이론가들에 따르면, 이러한 과대평가 과정은 과거 경험을 통해 축적된 인지적 구조, 즉 인지도식에 의해 영향을 받는다. 사람들은 여러 경험을 겪으면서 세상을 바라보는 틀을 형성하고, 그 틀을 바탕으로 여러 사건을 좀 더 쉽게 이해하려 한다. 인지도식이란 바로 어려서부터 경험을 통해 형성되고 습득된 신념체계를 말한다. 일부 사람들은 이러한 인지도식 가운데 절대주의적이고 지나치게 경직되어 있어 사건과 세상을 이해하는 데 도움이 되지 않는 잘못된 신념체계를 갖기도 하는데, 이를 역기능적 인지도식이라 한다. 공포증이 있는 사람들의 인지도식은 주로 '위험과 위해'를 지각하는 것과 관련된다. 여기서 위험이란 공격받음, 신체적 고통, 심리적 상처를 포함한다.

한편, 위험에 대한 평가는 2가지 과정을 거친다. 먼저, 환경적 자극이 위험한지를 결정하는 일차적 평가가 이루어지고,

이어 자신이 위험한 상황에 대처할 수 있는 자원신체적 · 심리적 · 사회적 자원을 가지고 있는지를 판단하는 이차적 평가가 이루어진다. 이러한 이차적 평가에 의해 환경적 자극이 얼마나 위험한지에 대한 평가가 바뀔 수 있다. 즉, 자신이 위험한 상황에 대처할 수 있는 충분한 자원을 가지고 있다고 판단하면, 웬만한 환경자극에 대해서는 위험하지 않다고 평가할 수 있다. 일차적 평가와 이차적 평가는 별개의 과정이 아니라 동일한 전반적인 평가로 통합되어 동시에 이루어진다. 또한 이 2가지 평가 과정은 순식간에 자동적으로 일어난다.

공포증이 있는 사람은 '위험 및 위해'와 관련된 인지도식을 가지고 있어서, 일상생활 속의 위험요소에 예민하게 주의를 기울이게 된다. 또한 그 위험성을 과도하게 평가하는 반면, 그에 대한 자신의 대처 자원은 과소평가하는 경향이 있다. 이러한 인지적인 왜곡의 결과로 이들은 어떤 사건을 접했을 때 위험과 위협이 주 내용인 자동적 생각을 쉽게 하게 된다. 자동적 생각이란 어떤 자극에 반응해 순식간에 떠오르는 생각을 말하는데, 주로 말이나 시각적인 심상의 형태로 나타난다. 또한 너무나 갑자기 빠르고 순식간에 스쳐 지나가기 때문에, 이러한 자동적 생각이 얼마나 현실적인지 또는 얼마나 사실적인지를 객관적으로 평가하지 못한다.

이렇게 본다면, 공포증이 있는 사람들은 위해와 위험이 주

내용인 인지도식을 가지고 있어서, 일상생활에서 위험에 민감하게 반응하며, 위해와 위험이 주 내용인 자동적 생각을 하게 된다고 할 수 있다. 여기서 인지도식은 자동적 생각을 일으키는 보다 근원적인 인지구조인 반면, 자동적 생각은 표층적인 생각으로 일시적이고 상황에 따라 변화하는 상태의존적이다.

2) 생물정보적 이론

심리학자 랭Lang은 기억의 연결망식 구조와 활성화 확산 이론에 근거하여 불안과 공포에 대한 인지적 이론을 주장하였다. 이러한 랭의 이론은 생물정보적 이론이라고 불린다. 랭에 따르면, 정서는 기억 내에 저장된 특정한 운동 프로그램이 활성화된 것이며, 이로 인해 신체적 흥분이 일어난다. 정서는 우리 안에 내재되어 있는 행동을 유발하는 인지적 과정이라고 보았다.

인지도식 이론에서는 정서와 인지를 별개의 과정으로 보는 반면, 생물정보적 이론에서는 정서를 인지 기능의 운동적 · 행동적 측면으로 본다. 정서는 행동경향성이며 행동 세트로 구성된 반응 패턴이라는 것이다. 이러한 행동 세트는 기억구조를 구성하는 연결망의 일부를 이룬다.

공포는 기억 내에 연결망으로 표상되어 있는데, 이러한 정보 구조는 도피행동이나 회피행동을 위한 하나의 프로그램으로 간주된다. 즉, 공포구조는 공포스러운 자극 상황에 대한 정보자극절, 생리적·행동적 반응에 대한 정보반응절, 구조 내의 자극과 반응요소의 의미에 관한 해석적 정보의미절 등 3가지 정보절로 구성되어 있다. 여기서 의미절은 자극정보와 반응정보를 통합하는 역할을 한다.

먼저, 공포구조 내의 자극절에 저장된 정보와 일치하는 외부 자극을 지각하고, 이에 의해 자극절이 활성화됨으로써 공포가 활성화되기 시작한다. 자극절에 이어 의미절로 활성화가 확산됨으로써 자극과 반응에 대한 이해가 이루어지며, 동시에 반응절이 활성화됨으로써 저장된 행동 패턴이 유발된다. 쉽게 이야기해서, 공포자극 정보가 입력되면 공포연결망이 활성화되면서 의미절로 확산되어 공포자극에 대한 해석이 이루어지고 즉시 반응절을 활성화하여 공포반응이 유발되는 것이다. 이런 연결망의 활성화 시스템에서, 자극과 반응요소 그리고 그 의미에 있어서 공포구조는 다른 구조와 구별되는데, 공포구조는 '위협으로부터의 도피', 즉 '위협의 의미를 가진 자극'에 대한 '도피의 의미를 지닌 행동 패턴'을 포함하고 있다.

그런데 병적인 공포구조는 구성요소들이 많고 구성요소들 간에 강하게 연결된 크고 정교화된 공포연결망을 가지고 있다는 점에서 정상적인 공포구조와 구별된다. 이러한 병적인 공포구조의 특성으로 인해 다양한 자극 상황에서 공포반응이 생겨날 수 있으며, 자극과 반응요소 간에 강하게 연결되어 있기 때문에 실제 상황에 비해 과도한 공포반응을 나타내게 된다. 또한 병적인 공포구조에서는 공포연결망이 한 번 활성화되면 공포와 무관한 정보처리는 일어나지 않으며 요소 간의 강한 응집력 때문에 활성화된 상태가 쉽게 중단되지 않는다.

포어Foa와 코작Kozak은 1986년에 노출치료가 공포를 감소시키는 정서적 정보처리의 심리기제를 설명하면서 랭의 이론을 수정하였다. 랭은 의미절의 활성화에 의해 자극과 반응을 의식적으로 해석하고 이해하여 이를 통해 공포반응이 일어난다고 보았다. 반면에, 포어와 코작은 자극과 반응의 의미에 대한 의식적 자각 없이 공포반응이 유발된다고 주장하였다. 즉, 내성에 의해 공포구조의 어떤 측면은 의식될 수 있지만, 자극·반응·의미의 연결이 의식적인 자각 없이 이루어질 수 있다는 것이다.

포어와 코작에 따르면, 공포구조는 회피행동과 생리적 반응 등의 반응요소가 과도하고, 연결망 구조가 강한 응집력을 가지고 있다. 그리고 공포연결망이 활성화되면, 공포와 관련이 없는 정보를 처리하지 못하기 때문에 잘 수정되지 않는다. 병리적 공포구조는 여기에 과도한 예민성까지 가지고 있다. 따라서 이런 공포구조가 변화되기 위해서는 공포 관련 정보를 통해 기억구조가 활성화될 때, 공포구조와 모순되는 정보에 노출되어 새로운 기억이 형성되어야 한다.

3) 불안우려 모형

발로우Barlow는 생물정보적 이론과 유사하게 공포는 기억연결망의 산물이라고 보았다. 공포증이 있는 사람은 공포연결망의 구조가 정상인과 다른데, 그 주된 차이는 자기효율성에 있다. 공포증이 있는 사람은 정상인보다 자신의 효율성에 대한 신념이 낮다. 즉, 공포자극이나 상황에 대해 자신이 대처할 수 있는 힘이 부족하다고 평가한다. 이러한 효율성에 대한 믿음의 차이는 공포자극이나 상황에 대한 인지적 정보의 처리 과정과 상호작용하여 공포증을 유발하게 된다.

발로우에 따르면, 다른 사람에 비해서 공포를 쉽게 느끼는 사람은 선천적으로 정서반응을 강하고 빈번하게 하는 생리적 특성을 타고 난다. 그러다 보니 예측 불가능하게 일어나는 흥분 상태를 자주 경험하면서 자신은 환경과 정서적 반응을 스스로 통제하는 데 있어 무력하다고 생각하게 된다는 것이다. 즉, 환경에 적절히 대처하고 자신의 행동을 책임지고 통제하여 좋은 결과를 얻어낼 수 있다는 믿음인 자기효율성이 저하된다. 이렇게 흥분 상태와 무기력이 반복되어 짝지어지는 경험을 하다 보니, 이러한 연합이 일반화되어 불안이나 공포를 비롯한 여러 형태의 흥분 상태에서도 자동적으로 자신의 부정적인 측면에 주의가 쏠리는 자기초점화와 무기력감이 일어남으로써 공포를 경험하게 되는 것이다.

4) 환경통제감

개인이 가지고 있는 상황에 대한 통제감이 공포증 형성에 관련된다는 입장도 있다. 발로우에 따르면, 통제 불가능한 사건의 경험이 공포증 형성의 시초가 될 수 있다. 미네카와 쿡Cook은 환경에 대해 통제감을 가진 아이가 그렇지 않은 아이에 비해 예상치 못한 사건이나 상황에 처했을 때 덜 당황할 뿐 아니라, 공포스러울 수 있는 상황에 대해 덜 두려워하고 잘 대처할 수 있다고 보았다. 크레스크Craske는 공포증 형성에 대한 통제감의 영향을 인지적 측면에서 좀 더 자세히 설명하였다. 즉, 처한 상황이나 환경에 대해 통제감이 높은 아이는 주변에 더 많은 정보에 접근하여 적절히 활용함으로써 부정적 결과를 피할 가능성이 높은 반면, 통제감이 낮은 아이는 '부정적 결과를 예방할 길은 아무것도 없다'는 비관적이고 부정적인 믿음을 지지하는 정보들을 취함으로써 더욱 공포 경험을 하게 된다는 것이다. ◈

4. 생물학적 이론

지금까지 우리는 공포증을 유발하는 원인과 지속시키는 요인 중에서 환경과 학습에 의한 것들을 살펴보았다. 하지만 왜 똑같이 학습 기회가 주어졌을 때 어떤 사람은 비현실적인 공포를 경험하게 되고 어떤 사람들은 그렇게 되지 않을까?

아직까지 직접적으로 공포증 자체가 유전된다는 것을 밝혀낸 연구는 없다. 그보다는 공포증에 걸리기 쉬운 취약성이 유전된다고 보는 것이 타당할 것이다.

유전 체질 이론에 따르면, 공포증에 걸리기 쉬운 내적 요인을 가지고 있는 신체적 상태를 타고난 사람이 환경으로부터 스트레스를 만성적으로 경험했을 때 공포증이 발생할 수 있다고 보았다. 이런 체질을 가진 사람은 낯선 상황에 처했을 때 긴장하여 행동을 억제시키는 경향이 있다. 공포증을 유발하기 쉬운 스트레스로는 대개 부모의 죽음, 부모와의 이별, 형제와의 갈등, 가족 내 폭력 등이 있다.

그럼 공포증의 생물학적 원인과 관련하여 자율신경계의 불안정성과 유전적 요인에 대해 살펴보기로 하자.

1) 자율신경계의 불안정성

사람들은 왜 특정한 환경적인 상황에 각기 다르게 반응하는가? 이 질문에 대한 한 가지 답은 자율신경계가 얼마나 쉽게 흥분되는가와 관련된다.

한 연구자는 자율신경계의 활동 가운데 한 차원을 안정성-불안정성으로 정의하였다. 불안정한 사람은 다양한 범위의 자극에 대해 자율신경계가 쉽게 흥분을 한다. 두려움이나 공포 행동은 어느 정도 자율신경계와 관련되므로 '자율신경계의 불안정성'이라는 차원은 상당히 중요하다. 자율신경계의 불안정성은 어느 정도는 유전적으로 결정된다는 증거들이 있다. 따라서 공포증의 발생과 유지에 유전이 상당 부분 영향을 미친다고 보는 것이 타당하다.

2) 가계 연구

유전적인 요인이 불안장애와 관련이 있는지를 알아보려는

연구들이 많이 이루어졌지만, 공포증과의 관련성을 살펴본 연구들은 매우 적다. 연구들에 따르면, 공포증이 있는 사람의 직계가족은 공포증이 없는 사람의 직계가족에 비해 공포증이나 다른 불안장애에 걸릴 위험성이 더 컸다. 또한 이란성 쌍생아에 비해 일란성 쌍생아의 특정공포증 확률이 더 높았다. 유전율은 하위유형에 따라 다르지만, 2013년 연구에 따르면, 혈액–주사–상해형 공포증이 33%로 32%의 유전율을 보인 동물형과 함께 가장 높은 것으로 나타났다. 이런 점들을 고려할 때 공포증도 유전적 영향이 있다고 볼 수 있다.

한편, 생물학적으로 피, 주사 및 외상에 대한 공포증을 가진 사람은 특별히 강한 혈관미주 신경반사를 유전적으로 가지고 있다고 한다. 하지만 이런 자료들이 유전적인 요인이 분명히 존재한다고 주장할 수 있는 결정적인 증거가 되는 것은 아니다. 비록 직계가족이 유전자를 공유하지만 이들은 또한 서로를 관찰하고 영향을 줄 기회가 무척 많다. 예를 들어, 아들과 아버지 모두 고소공포증이 있다는 사실만으로 반드시 유전적인 요인만 있다고 말할 수는 없다. 이보다는 아들이 아버지의 행동을 모방하거나 관찰학습을 했을 가능성을 함께 고려하거나, 이 2가지 모두가 영향을 주었다고 생각하는 것이 타당하다. ❖

5. 부모의 양육방식

어떤 양육방식이 아동을 공포증에 취약하게 만드는가? 다음에 열거된 아동기의 양육환경들은 공포증에 더 걸리기 쉽게 만드는 환경들이다.

1) 위험에 대한 염려의 과도한 표현

공포증을 가진 사람의 부모는 종종 자녀들에게 있을 수 있는 잠정적인 위험에 대해 염려한다. 그래서 그들은 다음과 같이 말한다. "빗속에 나가지 마라, 그러면 감기 든다" "TV 많이 보지 마라, 눈 나빠진다" "조심해라" 등. 부모가 아이에게 과도하게 두렵고 조심스러운 태도를 보이면 보일수록 자녀는 점점 더 세상을 '위험한' 곳으로 보게 된다. 바깥세상이 위협적이라는 것을 배우게 되면, 탐색이나 위험을 감수하려고 하지 않을 것이다. 이렇게 되면 그 아이는 과도하게 걱정하고 과도하게 안전을 염려하는 경향성을 가진 사람으로 성장하게 된다.

2) 지나치게 비판적인 태도와 완벽주의

부모가 지나치게 비난하고 완벽주의적인 기준을 강요하게 되면, 아이들은 부모의 기대나 완벽한 기준에 도달하지 못할까 봐 걱정하고 불안해한다. 또한 도달하지 못하는 현재 상태에 대해 불만족스러워하며 안정감을 느끼지 못하게 된다. 결국 이러한 태도가 나중에는 공포증을 유발할 수 있다. 또한 항상 불안정감을 느끼면서 성장한 사람은 안정감을 느낄 수 있는 사람이나 장소에 대해 과도하게 집착할 수 있다.

3) 부모의 거부나 유기

부모가 이혼이나 다른 이유로 인해 아이를 유기하거나 거부하고 제대로 돌보지 않는 것도 아이에게 기본적인 불안정감을 일으킬 수 있고, 이로 인해 후에 공포증이 생겨날 수 있다. 부모의 도움이 전적으로 필요한 4, 5세까지 제대로 된 부모의 양육을 받지 못하면 아이는 심한 심리적 불안정감을 느끼게 된다. 그렇게 되면 아이는 이런 환경에 적응하고 자신을 보호하기 위하여 과도하게 걱정하고 안정에 대해 염려하는 경향성을 발달시키게 된다. 🔖

6. 특정공포증의 유지요인

특정한 대상에 대한 두려움이 과도하거나 불합리하다고 충분히 알고 있음에도, 공포증은 수년 동안 지속될 수 있다. 공포증은 왜 이렇게 유지되는가?

공포증이 지속되는 주요한 요인 가운데 하나는 회피행동이다. 특정한 대상이나 상황을 두려워할 경우 가장 먼저 보일 수 있는 것이 두려워하는 대상을 회피하는 것이며, 이것은 너무나 자연스러운 대처기법이다. 회피에는 분명한 회피와 미묘한 회피가 있다. 예를 들어, 거미공포증이 있는 사람이 거미가 많은 야외에 가지 않는 것은 분명한 회피다. 반면에, 거미가 많은 야외로 나갈 때 두꺼운 양말을 신거나 장화를 신는 것은 미묘한 회피다.

그러나 분명한 회피든 미묘한 회피든 간에 회피는 공포증을 유지하는 데 중요한 역할을 한다. 회피를 하게 되면 '두려운 것을 직면하게 되면 위험한 일이 일어날 것'이라는 믿음이 틀렸음을 반박하거나 확인하지 못한 채 계속 확신하게 된다. 결국 회피함으로써 위험한 일이 일어나지 않을 거라는 것을 재학습하지 못하게 되는 것이다. 이로 인해 공포증은 계속 유지된다. 따라서 두려움이 감소되기 위해서는 반드시 두려운 대상이나 상황에 대한 재학습이 필요하다. 예를 들면, 거미가 나오는 곳에 계속 있어 보아야 거미가 무해한 동물이라는 것을 배울 수 있으며, 엘리베이터를 타보아야 엘리베이터 안에 공기가 부족해서 질식해 죽을 일은 없다는 것을 배울 수 있다.

두 번째 주요한 유지요인은 공포 상황이나 대상에 대해 가지고 있는 신념이다. 앞의 인지도식 이론에서 살펴보았듯이, 이러한 신념은 공포증을 발생시키는 요인이면서 동시에 공포증을 유지시키는 요인이기도 하다. 공포증과 관련된 신념은 위험감과 위협감, 즉 무언가 나쁜 일이 일어날 것 같다는 생각이 특징적이다. 위협은 특정한 대상이나 상황에 관련된 것일 수도 있고, 이런 대상이나 상황에 대한 자신의 반응과 관련된 것일 수도 있으며, 2가지 모두와 관련된 것일 수도 있다. 예를 들면, 뱀에 대한 공포증이 있는 사람의 경우 뱀이 자신을 공격할 것이라는 믿음을 가질 수도 있고, 뱀을 보면 자신이 너무 놀라서 기절할 것이라는 믿음을 가질 수도 있다.

공포증이 있는 사람은 이렇듯 도움이 되지 않는 역기능적 신념을 가지고 있기 때문에, 이런 부정적인 신념에 부합하는 외부 자극들에 선택적으로 주의를 기울이게 된다. 또한 이런 신념으로 인해 일상적으로 일어날 수 있는 일에 대해 더 위협적으로 지각하고 해석한다. 이렇게 되면 위험을 실제보다 더 과장해서 지각하게 되고 이로 인해 두려움이 계속 지속된다. ◆

특정공포증을 어떻게 치료할 것인가

3

1. 내적 갈등 이해하기: 정신분석치료

　정신분석 이론에 따르면, 공포증이란 무의식적인 심리내적 갈등에 대한 불안 상태가 구체적인 외적 대상에 대한 공포증으로 바뀐 것이다. 사람들은 위협적으로 느껴지는 심리내적 갈등이 있을 때 무의식적으로 그것을 억압하게 된다. 이렇게 심리내적 갈등을 무의식에서 억압하게 되면, 갈등의 구체적인 내용들이 사라지면서 모호한 신경증적 불안을 경험하게 된다.

　모호한 불안 상태는 매우 참기 어렵다. 따라서 사람들은 전치라는 방어기제를 사용하여 이것을 보다 안전하면서 중요하지 않은 외부 대상에 대한 공포증으로 바꾸어버린다. 이렇게 되면 자신에게 위협적인 갈등이나 충동을 무의식에 계속 머무르게 하면서도, 왜곡된 형태로 밖으로 표현할 수 있게 된다.

　이런 관점에서 정신분석치료는 일반적으로 공포증의 이면

에 있는 심리내적 갈등을 찾아내어 의식하는 데 초점을 맞춘
다. 이때 공포증 그 자체는 잠재된 갈등의 상징으로 간주되기
때문에 직접적으로 다루지는 않는다. 즉, 공포증 이면의 심리
내적 갈등을 찾아내어 의식하면, 자연스럽게 왜곡된 형태로
표출된 공포증이 사라질 것이라고 가정한다. 또한 공포증의
증상은 이보다 더 고통스럽고 억압된 갈등으로부터 내담자를
보호하는 역할을 한다고 가정하기 때문에, 공포로 인한 회피
행동을 직접적으로 감소시키는 시도도 금지된다.

정신분석치료에서는 치료자와 내담자의 관계에서 내담자
가 직접적인 자기관찰을 통해 현재의 전이 또는 자신의 무의
식적인 동기나 갈등에 대한 통찰을 획득하게 하는 것을 주요
목표로 삼는다. 전이란 이전에 중요했던 사람과의 관계에서
느꼈던 감정, 소망, 환상, 욕구 등이 지금 여기에 있는 사람과
의 관계에서 다시 살아나 재현되는 것을 말한다.

자신이 현재 어떤 전이 현상을 보이고 있는지 그리고 자신
에게 어떤 무의식적인 동기나 갈등이 있는지를 자각하는 것은
중요하다. 또한 이러한 전이와 무의식적 동기나 갈등이 '왜'
그리고 '어떻게' 공포증을 비롯한 자신의 심리적 문제나 부적
응적인 인간관계를 초래하는지를 심층적으로 이해해야 한다.
이러한 통찰치료를 통해 공포증의 근원, 이차 이득, 저항의 의
미, 공포자극에 대처하는 보다 건강한 방법 등을 깨닫게 할 수

있다. 이처럼 자신의 무의식적인 동기나 갈등을 자각하고 이해하게 되면, 공포증을 이용하여 이런 동기나 갈등을 왜곡된 형태로 해결하려는 과거의 악순환에서 벗어나 좀 더 적응적인 방식으로 대처하고 조절할 수 있게 된다.

다음의 사례를 통해 이런 점들에 대해 구체적으로 살펴보자.

직업상 장거리 여행을 자주 해야 하는 30대의 여성 사업가인 이 씨는 다리공포증으로 인해 심한 고통을 받고 있다. 그녀는 고속도로를 여행할 때마다 다리를 건너지 않도록 복잡한 계획을 짜야만 했는데, 그럼에도 다리를 꼭 건너야 할 때면 너무 불안해졌다. 그녀는 다리 위에서 자신이 통제력을 잃고 운전대를 아무렇게나 돌려서 추락할 것만 같아 제대로 운전을 할 수 없었다. 그리고 이런 공포증은 처음에는 높고 긴 다리에만 해당되었으나 점차 모든 다리로 일반화되었다.

그녀가 처음으로 다리공포증을 느낀 때는 그녀의 남편과 함께 자동차 여행을 할 때였다. 그녀는 남편의 권위적이고 고압적인 태도로 인하여 심한 갈등을 겪고 있었다. 그날도 그녀는 아이의 성적부진을 그녀의 소홀한 가정교육 탓으로 돌리는 남편과 심한 말다툼을 하였다. 그녀는 분석가에게, 자신이 그날 다리를 건너는 동안 남편과 심한 말다툼을 하면서 핸들을 벼랑으로 꺾어 함께 떨어지고 싶은 충동을 느꼈다고 말하였다. 물론 이 공격적인 충동은 즉시 억압되었다. 그런데 또다시 그런 충동이 일어날까 봐 불안해하는 것이 다리에 대한 공포증으로 대체되었다. 즉, 남편과의 갈등과 그로 인한 공격적인 충동을 다리에 대한 공포증으로 대체하여 경험했던 것이다.

그녀에게서 남편과의 갈등 관계는 아버지와의 관계와 유사하게 느껴져 아버지와의 갈등이 재현되는 것처럼 여겨졌다. 그녀는 권위적이고 고압적이었던 아버지와의 관계에서 갈등을 느끼며 아버지에 대해 공격성을 가졌던 것이다. 그러나 아버지에 대해 공격성을 느끼는 것 자체를 그녀는 수용하기 어려웠으며 그로 인해 불안을 유발했다. 그리고 이러한 불안으로 인해 남편과의 갈등과 공격적 충동 또한 의식하고 수용하지 못한 채 억눌리면서, 다리공포증으로 대체된 것이다.

그녀는 분석을 통해 공포증 이면에 있는 무의식적인 갈등과 충동을 자각하고 현재 남편과의 관계에서 보이고 있는 전이 현상을 이해하게 되었다. 즉, 아버지에 대한 갈등과 태도가 남편에게 전이되었음을 알아차리게 되었다. 그러면서 점차 이런 갈등이나 충동에 무의식적으로 휘둘리는 것에서 벗어날 수 있었다. 또한 이런 갈등이나 충동을 좀 더 건강하게 표현하고 조절할 수 있게 되었다. 이렇게 되자 그녀는 다리를 건널 수 있는 자신감과 용기가 생기게 되었고, 이런 자신감을 바탕으로 점진적으로 작은 다리부터 건너보기 시작했다. 그리고 점진적인 시도를 한 지 얼마 되지 않아 그녀의 다리공포증은 사라졌다. ❖

2. 전통적인 인지행동치료

요즘에는 공포증에 대한 치료적 접근으로 두려운 상황에 대한 잘못된 생각들을 수정하는 인지치료기법과 두려운 상황에 대해 직면하는 노출치료 등 행동치료기법을 병행하는 인지행동치료가 많은 주목을 받고 있다. 이 절에서는 공포증에 대한 인지행동치료를 간단하게 소개한 다음에, 이후 절들에서 인지치료기법들과 행동치료기법들을 자세히 설명하도록 하겠다.

이 군은 대기업의 유능한 컴퓨터 프로그래머다. 그가 아주 어린아이였을 때는 개공포증이 없었다. 그가 열두 살 때 어느 날, 이웃집에서 친구와 놀고 있었는데 갑자기 개가 짖는 소리가 들려, 그 소리에 놀라 뒤돌아보자 큰 개가 그를 쫓아오고 있었다. 그와 친구는 있는 힘을 다해 뛰었고, 가까스로 개를 피할 수 있었다. 그날 이후로 그는 밖을 다닐 때면 주변에 큰 개가 있는지 살폈고, 큰 개가 있는 집은 일부러 멀리 피해 다녔다. 이때까지만 해도 그의 개공포증은 큰 개에만 한정되어 있었다.

몇 년 후, 그는 친한 친구 집을 방문했다. 친구는 애완용 개를 키우고 있었는데, 밥을 먹고 있는 개를 쓰다듬어 주려고 몸을 구부렸다가 물리는 일이 일어났다. 그다음부터 그는 모든 개를 다 피하였다. 거리에서 개를 보면 경악을 하고는 반대편 길로 뛰어가버렸다. 그는 개를 보면 심장이 심하게 뛰고 기절할 것 같았으며 땀을 흠뻑 흘렸다. 그의 공포는 너무 강해서 때로 기절할지 모른다고 생각했다. 실제로 그와 그의 가족은 집을 떠나기 전에 개가 있나 밖을 살폈다. 그는 결국 자신의 약혼자 집에 개가 있어서 그 집을 방문하지 못하게 되자, 공포증을 치료하기 위해 상담소를 찾게 되었다.

이 군과 같이 개공포증을 가지고 있는 사람을 치료하기 위한 인지행동치료 계획을 살펴보자. 공포증에 대한 인지행동치료는 크게 공포 대상이나 상황에 대한 직면, 공포 대상이나 상황에 대한 잘못된 생각을 수정하기, 공포 대상이나 상황에 직면했을 때 일어나는 신체감각에 대한 불안을 극복하기 등 세

부분으로 이루어진다. 이제부터 동물공포증을 극복하기 위한
인지행동치료기법들에 대해 하나씩 간단히 살펴보기로 하자.

1) 특정한 두려움을 일으키는 요소 파악하기

동물공포증을 극복하는 첫 번째 단계는 두려움을 일으키는
특정한 유발요소들을 파악하는 것이다. 동물공포증은 사람마
다 다르게 경험할 수 있으며 동물의 외양, 나타나는 유형, 직
면의 맥락, 동물의 행동 등과 같은 요인들에 따라 공포 수준이
달라질 수 있다.

- 물리적 특징: 모양, 색깔, 크기, 털
- 물릴 가능성
- 다른 사람들이 같이 있는지 여부
- 만나는 장소: 번화한 거리 또는 외진 골목
- 묶여 있는지 여부
- 직면의 형태: 개를 상상하기, 개에 대해 이야기하기, 개
  모양의 장난감, 살아 있는 개
- 개와의 물리적 거리
- 움직임의 종류: 속도, 예측 불가능성, 점프

2) 불안한 자동적 생각 찾기

동물에 대한 비현실적인 생각들을 찾아내어 좀 더 타당하고 현실적인 생각으로 바꿀 수 있다. 동물공포증을 가진 사람은 두려워하는 동물에 대해 잘못되었거나 과장된 생각을 가지고 있다. 따라서 그들은 실제로 일어나지 않을 때조차도 부정적인 일이 일어날 것이라고 예상한다. 두려움은 오랫동안 계속되어왔기 때문에 부정적인 자동적 생각은 너무 빨리 그리고 자동적으로 의식하지 못하는 순간에 일어날 수 있다. 동물에 대한 자신의 자동적 생각을 알지 못할 경우에는 직면 훈련을 통해서 미처 깨닫지 못했던 자동적 생각을 알아낼 수도 있다.

3) 두려울 때의 회피행동 패턴 파악하기

공포증을 극복하는 중요한 단계는 두려움이 유지되게끔 만드는 행동 패턴을 변화시키는 것이다. 동물을 피하는 방법에는 동물에 접근하지 않기, 도피하기, 주의 분산하기, 약물이나 술 사용하기, 지나친 방어 등이 있다.

동물공포증이 있는 사람은 두려워하는 동물을 우연히 만나는 것을 피하기 위해 동물이 근처에 있는지를 지나치게 확인한다. 앞에서 말했듯이, 모든 이런 회피행동은 단기적으로는 두려움을 감소시키지만, 장기적으로는 이런 회피행동들로 인해 동물들과 어느 정도 같이 있는 것이 가능하고 공포는 결국 감소된다는 것을 배우지 못하게 되어 공포증을 지속시키게 된다.

따라서 공포증을 극복하기 위해서는 회피행동 패턴을 파악해서 두려워하는 동물을 보지 않으려 하고 확인하며 피하려는 욕구에 저항해야 한다. 이런 과정의 첫 단계는 회피하는 상황과 두려워하는 동물에 직면했을 때 나타나는 행동들에 대해 알아내는 것이다. 개공포증에 대한 두려워하는 상황과 미묘한 회피행동은 다음과 같다.

- 개에 대한 영화는 안 본다.
- 이웃집 산책하기를 꺼린다.
- 애완동물 상점을 방문하거나 지나가는 것을 피한다.
- 개를 기르는 부모님을 방문하기를 피한다.
- 개에 대해서 자주 얘기하는 사람과는 대화를 피한다.
- 다른 가족들이 원해도 개를 기르기를 꺼린다.
- 개를 기르는 친구집에 방문하기를 꺼린다.
- 개가 TV에 나오면 채널을 돌린다.
- 개를 보면 반대편 길로 피해간다.
- 개에게 물리지 않기 위해서 두꺼운 옷을 입는다.

〈동물공포증에 대한 두려운 생각 질문지〉

다음에 당신이 두려워하는 동물과 접촉하게 되었을 때 떠오르는 생각들이 나와 있습니다. 당신이 이 생각을 얼마나 믿고 있는지를 아래의 0~10점 척도를 사용하여 표시해보십시오.

0 — 1 — 2 — 3 — 4 — 5 — 6 — 7 — 8 — 9 — 10

전혀	중간 정도	100%
믿지 않는다	믿는다	믿는다

자동적 생각	확신 정도
그 동물은 나에게 다가올 것이다.	
그 동물은 나에게 달려들 것이다.	
그 동물은 내 옷 위로 기어오를 것이다.	
그 동물은 나를 공격할 것이다.	
그 동물은 나를 물 것이다.	
그 동물은 나를 더럽힐 것이다.	
그 동물은 내가 두려워하는 것을 알 것이다.	
그 동물은 더럽다.	
그 동물은 위험하다.	
나는 대처할 수 없을 것이다.	
나는 미쳐버릴 것이다.	
나는 죽을 것이다.	
나는 기절할 것이다.	
나는 당황할 것이다.	
나는 통제력을 잃어버릴 것이다.	
다른 생각:	

- 개가 달려들 경우 개의 눈에 뿌릴 후추 분사기를 가지고 다닌다.
- 개를 만날 경우 개를 다른 데로 유인하기 위한 개 비스킷을 가지고 다닌다.
- 친구 집을 방문하기 전에 개가 있는지 물어본다.
- 집을 떠나기 전에 가족에게 밖에 개가 있는지 살펴보라고 한다.

4) 직면 훈련 단계목록 만들기와 항목 수집

직면 훈련을 하기 위해, 직면하기 두려워하는 상황을 가장 적게 불안을 일으키는 상황에서부터 가장 많은 불안을 일으키는 상황까지 단계별로 여러 개로 나누어 순서대로 단계목록을 작성한다. 또한 직면 훈련을 시작하기 전에 관련된 다양한 항목들을 수집한다. 예를 들어, 서점이나 도서관에서 두려워하는 동물의 좋은 사진이나 정보를 담고 있는 책을 찾아보고, 그 동물이 나오는 영화를 빌린다. 또한 두려워하는 동물의 장난감을 구할 수도 있다. 실제 동물은 다양한 장소에서 발견할 수 있다. 동물을 손으로 잡을 수 있으면 직면 훈련을 하는 데 효과적이다.

5) 부정적인 자동적 생각을 타당한 생각으로 바꾸기

공포증을 유발하는 자신의 잘못된 자동적 생각들을 보다 타당하고 현실적인 생각으로 바꾼다. 이를 위해서 무엇보다 두려워하고 있는 동물에 관한 모든 것을 알려고 노력하는 것이 도움이 된다. 스스로 답하기를 원하는 질문들의 목록을 만들고 답해보라. 예를 들어, 뱀공포증이 있는 사람은 다음과 같은 질문들에 관심이 있을 것이다.

- 대부분의 뱀은 무는가?
- 어떤 뱀이 다른 동물보다 잘 무는가?
- 어떤 뱀은 무해한가?
- 어떤 조건일 때 뱀에 물리기 쉬운가?
- 뱀에게 물리게 되면 어떻게 느끼게 되는가?
- 독이 없는 뱀에게 물리면 어떻게 해야 하나?
- 독이 있는 뱀의 경우에는 어떻게 해야 하나?
- 뱀은 어떻게 다루면 좋아하는가?
- 뱀은 왜 그렇게 움직이는가?
- 뱀이 혀를 내미는 것은 곧 물 것이라는 것을 의미하는가?
- 뱀을 잡고 있으면 어떤가?
- 뱀은 병을 퍼뜨리는가?

- 야외에서 뱀은 나에게 기어오려고 할까?
- 뱀이 이빨을 가지고 있는가?
- 뱀은 사람을 목 졸라 죽일 수 있는가?

공포증이 있는 사람은 공포 관련 사건이나 상황에 대해 두려워하는 일이 일어날 확률을 과대평가하거나 극단적으로 생각하는 경향을 보이는 등 인지적인 오류를 잘 범한다. 이런 경향성에 반박하기 위해서는 그렇게 생각하는 근거를 검토해보아야 한다. 친구들에게 개를 봤을 때 물리게 될 확률이 얼마인지 직접 물어볼 수도 있다. 이렇게 근거를 검토함으로써 자신의 비현실적인 생각을 좀 더 현실적인 생각으로 바꿀 수 있게 되면 두려움은 감소될 것이다.

파국화는 나쁜 일이 일어났을 때 그 일이 얼마나 나쁜지를 과장하는 것이다. 예를 들면, 거미공포증이 있는 사람은 거미가 자신에게 기어온다면 '끔찍할' 것이라고 추측한다. 이런 종류의 생각에 반박하는 한 가지 방법은, "그런 일이 일어난다면 무엇이 그렇게 나쁜가?" "거미가 나에게 기어온다면 무슨 일이 일어나는가?"라고 질문하는 것이다. 또한 그런 일이 실제로 일어난다면 자신이 어떻게 대처할 수 있는지를 스스로에게 물어본다.

거미는 대체로 사람에게 기어오지 않지만 때때로 기어올

수도 있다. 그런 일이 일어난다면 당신은 어떻게 하겠는가? 방법 중 하나는 아무것도 하지 않는 것이다. 거미가 기어 다니도록 가만히 놔두고 무슨 일이 일어나는지 지켜보는 것이다. 또는 손으로 거미 앞을 가로막고 거미가 가는 곳을 통제할 수 있는지 살펴본다. 어떻게 느껴질까? 아마 거미도 개미나 다른 벌레처럼 느껴질 것이다. 만약 불편하게 느낀다면 개미에게 하는 것처럼 가볍게 털어버릴 수 있을 것이다.

'두려울 거야'라는 생각에 얽매여서 그것에 머무르지 말고, 그런 생각이 사실이라고 추측하지 마라. 아마도 자신이 경험할 수 있는 최악은 두려움 때문에 느끼는 큰 불편함일 것이다.

6) 신체감각에 대한 두려움에 대처하기

많은 사람이 두려운 동물을 접하게 될 때 느끼는 신체적 감각에 대해 불안해한다. 공포증이 있는 사람은 이런 신체 감각으로 인해 자신이 통제력을 잃거나 심장발작을 일으키거나 당황하거나 기절할까 봐 두려워한다. 이런 신체감각에 대한 두려움을 다루는 방법에는 몇 가지 주요한 방법이 있다.

첫째, 이러한 신체감각들은 위험한 것이 아니고 자연스럽고 정상적인 반응이며, 시간이 지나면 사라진다는 것을 자신에게 상기시킬 필요가 있다.

둘째, 인지적 방법을 사용하여 두려운 감각에 대한 자신의 자동적 생각을 찾아내고 그 근거를 검토해보는 것이다. 예를 들어, 거미공포증이 있는 사람이라면 거미를 보면 몸에 힘이 빠져 기절할 것이라고 믿는 근거를 검토해볼 수 있다. 과거에 거미를 보았을 때 기절한 적이 있는가? 기절과 공포증에 대해 무엇을 알고 있는가? 이때 피공포증과 주사공포증이 전형적으로 기절과 관련되는 유일한 공포증이라는 사실을 기억하자. 또한 자신의 추측이 과대평가되었다고 생각되지 않는가?

유사한 방식으로 신체감각에 대한 극단적인 생각에 대해서도 반박할 수 있다. 예를 들면, '내 심장이 너무 빨리 뛰어서 어떻게 할 수 없다'는 생각이 들었다면, '무엇을 할 수 있는가?' '왜 그런 상황을 다룰 수 없는가?' '불편하게 느끼는 것이 뭐가 그렇게까지 나쁜가?'를 스스로에게 질문해본다. 운동을 하거나 공포영화를 보는 상황에서 심장이 뛰었다면 충분히 다룰 수 있을 것이다. '심장이 뛰면 보통 어떻게 하는가?' '그것이 그렇게 나쁜가?' 자신이 상황에 계속 머물러 있을지라도 시간이 지나면 이런 감각들은 저절로 없어진다는 것을 명심하라.

셋째, 두려운 동물과 함께 있을 때 이런 감각들을 일부러 불러일으키는 훈련을 하는 것이다. 예를 들면, 동물을 보고 있을 때 숨을 쉬지 않음으로써 일부러 심장을 빠르게 뛰게 할 수 있다. 이런 훈련을 통해 이러한 신체감각이 위험하지 않다는 것을 배울 수 있다. 신체감각을 불러일으켜도 공포증이 있는 사람이 가지고 있는 부정적인 생각들은 대부분 현실로 일어나지 않는다.

넷째, 긴장이완훈련법을 사용하는 것이다. 심한 불안이나 공포를 느낄 때 효과적으로 몸의 긴장 상태를 이완하여 불안을 감소시킬 수 있는 방법이다. 몸의 각 부위의 근육을 수축시켜 긴장시켰다가, 갑자기 힘을 뺌으로써 이완 상태를 유도하는 것이다.

다섯째, 긴장이완훈련과 함께 효과적으로 이완 상태를 유도하는 호흡조절법을 이용하는 것이다. 호흡조절법을 사용하여 복식호흡을 하게 되면 호흡이 가빠지고 얕아지는 과잉호흡 반응을 많이 감소시킬 수 있다. 이에 따라 이런 호흡으로 인해 나타난 여러 가지 신체감각도 정상으로 돌아오게 된다.

7) 직면 훈련

긴상이완훈련과 호흡조절법과 같이 신체감각을 이완시키

는 훈련을 하였다면, 두려워하는 대상에 상상 또는 실제로 직면하는 훈련을 통해 불편감을 눈에 띄게 줄일 수 있다. 공포증이 있는 사람은 직면 훈련 시간이 매우 불편하게 느껴질 것이다. 심할 경우 울거나 비명을 지르거나 토하거나 공황 상태에 빠지기도 한다. 때로는 치료 초기에 두려움이나 부정적 생각이 더 증가되기도 한다. 이런 감정들은 정상적이고 예상된 반응들이다. 그러나 공포증이 있는 사람은 이에 실망하고 치료가 자신에게 효과가 있을지 의문을 가진다. 그러나 이런 부정적 감정은 우리의 생각과는 달리 치료가 제대로 되고 있다는 것을 나타내는 징후다. 그리고 오랫동안 그 동물을 피하게 만들었던 것이 바로 이런 불편한 감정들이다.

동물공포증을 변화시키는 첫 번째 단계는 행동 패턴을 변화시키는 것이다. 즉, 그동안 두려워하는 동물을 회피해왔다면, 이제는 두려워하는 동물 주변에 머물도록 하는 것이다. 직면 훈련을 시작할 때는 직면 훈련 위계상 좀 더 쉬운 상황을 선택하고, 각 직면 단계가 점점 쉬워짐에 따라 점차적으로 더 어려운 상황으로 나아가야 한다.

또한 직면 훈련은 예측 가능한 방식으로 이루어져야 한다. 직면 훈련의 각 단계가 예측 가능하고 스스로 통제할 수 있다고 느껴야 공포증이 더 쉽게 감소될 수 있다. 직면 훈련을 도와주는 사람의 허락 없이 동물을 몸에 대거나 아주 가깝게 두어서는 안 된다. 한편, 직면 훈련을 할 때 느껴지는 불편감은 그대로 느끼도록 둔다. 불편한 감정에 대해 싸우려 들지 말고, 또한 그런 감정이 들기 때문에 그만두어야 한다고 생각하지 마라. 가능한 한 빨리 단계목록의 단계를 하나씩 극복해나가야 한다. 그러나 다음 과제로 넘어가기 전에 전 단계를 충분히 반복해야 한다.

동물공포증의 경우 많은 사례에서 단 한 번의 긴 직면 훈련만으로 두려움이 극복될 수 있지만, 4회 이상의 직면 훈련이 필요한 경우도 많다. 지속적인 호전을 위해서는 공포증이 없을 경우 과잉행동들을 시도해보는 것도 좋다. 예를 들면, 거미공포증이 있는 사람은 거미를 봐도 놀라지 않는 것을 넘어서 거미가 자신의 손이나 팔, 배 위를 지나가도록 실험해본다. 이런 과잉행동을 하게 되면 작은 단계들은 훨씬 쉽게 느껴지고 공포증이 재발할 확률도 훨씬 낮아진다.

공포증이 있는 사람을 특히 괴롭히는 동물의 특정한 행동이 있다면, 그 동물이 그런 행동을 하도록 만들고 이런 행동들의 기능에 대해 배워야 한다. 예를 들면, 거미가 움직이는 것 자체가 괴로운 행동이라면 거미가 움직이게 만들어야 한다.

공포증이 있는 사람은 직면 훈련을 하기 전에 우선 자신이 갖고 있는 잘못된 생각을 변화시켜야 한다. 이는 비현실적이고 타당하지 않은 생각들을 변화시키게 되면 동물에 더 가까이 다가갈 용기가 생기게 되기 때문이다. 또한 자신의 타당하지 않은 생각들을 찾아내서 반박하게 되면, 직면 상황에서 더 오랫동안 머물 수 있다. ◆

3. 공포 증상 인식하기: 인지행동치료의 첫 단계

자, 그럼 공포증을 인지행동치료에 근거해 다양한 치료 기법들을 사용하여 차근차근 다루어보도록 하자. 먼저, 공포증을 극복하기 위해서는 자신의 공포 증상들을 잘 관찰할 수 있어야 한다. 치료의 목표는 증상들의 악순환의 고리를 끊는 것이므로, 두려운 상황에 접하게 되면 자신이 어떤 증상들을 보이고 이런 증상들은 서로 어떻게 관련되어 있는지를 아는 것이 매우 중요하다.

두려운 대상이나 상황과 마주치게 될 때 촉발되는 증상들은 생리적·행동적·인지적 증상의 3가지로 나눌 수 있다. 첫째, 생리적 증상은 모든 신체감각을 말한다. 예를 들면, 차에 치일 뻔한 사람은 심장이 빠르게 뛰고, 땀을 흘리며, 몸이 떨리거나 호흡이 가빠지며, 근육이 긴장되거나 메스꺼움 같은 생리적 증상을 느낄 수 있다. 피공포증이나 상처공포증의 경우 조금 다른 패턴의 증상이 나타날 수 있다. 심장박동률이 갑자기 떨어져서 기절하기도 한다.

제일 먼저 관찰해야 하는 것은 바로 자신의 신체적 증상이다. 우리는 앞에서 불안해질 때 다양한 신체적 증상들을 경험한다는 것을 배웠다. 공포증이 있는 사람이 나타내는 신체적 증상에는 다음과 같은 것들이 있다.

- 가슴이 두근거린다.
- 숨이 가쁘다.
- 가슴이 답답하게 조여든다.
- 온몸이 떨린다.
- 어지럽다.
- 토할 것 같거나 배가 아프다.
- 사지가 마비된다.
- 내가 또는 내 주위가 이상하게 변할 것 같다.
- 질식할 것 같다.
- 화끈거리거나 손발이 차다.
- 시야가 흐려진다.
- 다리에 힘이 없어진다.

둘째, 인지적 증상은 두려운 상황에 접했을 때 반사적으로 머릿속에 떠오르는 다음과 같은 생각들이다. '엘리베이터 안에서 갇히게 되면 숨을 쉴 만한 충분한 공기가 부족해서 질식할 거야' '높은 곳에 올라가면 현기증을 일으켜 떨어질지도 몰라.' 두려운 상황에 접했을 때 떠오르는 이러한 생각들을 자동적 생각이라고 한다.

우리는 짧은 순간에도 끊임없이 생각한다. 이런 자동적인 생각은 거의 의도하지 않고 노력하지 않아도 머릿속에서 떠오르게 된다. 때로는 이런 생각들을 의식하지 못하는 경우도 있지만, 이런 생각을 파악하는 훈련을 하게 되면 쉽게 알아차릴 수 있다. 공포증이 있는 사람은 두려운 상황에 처하면 여러 가지 자동적 생각을 하게 된다. 이들은 상황이 얼마나 위험한지 그리고 자신이 적절히 대처할 수 있는지를 평가하며, 어떻게 대처할지를 생각한다. 다음 예들은 터널 공포증이 있는 사람과 엘리베이터 공포증이 있는 사람의 자동적 생각의 예다.

> 이 터널은 너무 길어. 교통이 마비된다면 어떻게 될까? 택시가 고장이 난다면 어떻게 될까? 터널 안은 마비될 거야. 그러면 나는 숨 쉬기가 힘들어질 거야. 그러다가는 죽을지도 몰라.

엘리베이터가 고장 나서 문이 열리지 않을지 몰라. 엘리
베이터 안에 갇히면 공기가 부족해서 질식할 거야. 사람들
은 부주의해서 나를 발견할 수 없을지도 몰라.

셋째, 행동적 증상들로 도망가는 것, 얼어버리는 것과 같이
일반적으로 다른 생리적 증상이나 인지적 증상보다 분명하게
드러난다. 생리적 증상과 인지적 증상을 관찰한 다음에 불안
해질 때 보이는 대처행동을 마지막으로 관찰해야 한다.

전형적으로 공포증이 있는 사람은 두려운 상황을 회피하
려 한다. 앞에서 보았듯이, 공포증이 있는 사람은 계속 회피
함으로써 이런 상황에서 적절히 행동할 기회가 점점 줄어들게
되고, 그렇게 두려워할 만한 일은 일어나지 않는다는 것을 배
울 수 없게 된다. 즉, 이런 회피로 인해 공포증이 유지되는 것
이다.

회피는 분명할 수도 있고 미묘할 수도 있다. 분명한 회피는
공포 상황이나 대상으로부터 도피하거나 이런 것들에 직면하
기를 꺼리는 것이고, 미묘한 회피는 두려운 대상이나 상황의
영향을 최소화하기 위해 대처하는 방법이라고 앞서 설명했다.
미묘한 회피의 예로는 주의를 분산시키는 것, 약물을 사용하
는 것, 지나치게 방어적인 행동을 하는 것 등이 있다. 이런 미
묘한 회피를 안전행동이라고 부르기도 한다. 안전행동은 다른

회피 방법과 마찬가지로 단기간에는 불편감을 경감시켜줄지 모르지만, 두려운 대상이나 상황이 실제로 또는 생각하는 것만큼 위험하지 않다는 것을 배우기 어렵게 만듦으로써 공포증을 유지하게 하는 임기응변일 뿐이다.

예를 들어, 높은 곳에 대한 공포를 느끼는 고소공포증이 있는 사람이 보이는 회피행동으로는 다음과 같은 것들이 있다.

- 상황에 접근하는 것을 꺼림: 5층 이상은 올라가지 않는다.
- 상황으로부터의 도피: 불안해지면 가장자리로부터 안쪽으로 움직인다.
- 주의분산: 가장자리로는 시선을 두지 않는다. 내가 얼마나 높은 곳에 있는지 의식하지 않으려 한다.
- 술이나 약물 사용: 어쩔 수 없이 높은 곳에 가야 할 경우에는 진정제를 먹는다.
- 지나친 방어: 높은 곳으로 올라갈 경우 벽면이나 사람들을 지나치게 붙잡는다.

지금까지 공포증이 있는 사람이 두려운 상황에 접했을 때 나타내는 반응들을 찾아내는 방법들을 살펴보았다. 이들에 대한 치료의 목표는 두려움을 줄이고 적절한 행동을 증가시키는 것이다.

공포증이 있는 사람의 증상에 대한 기억은 과장되고 왜곡되는 경향이 많으므로 정확한 관찰이 필요하다. 이때 자신의 공포 증상을 관찰하여 기록하면 좀 더 정확하게 자신의 상태를 알아낼 수 있고 어떻게 극복을 해야 할지를 알 수 있게 된다. 여기에서 유용하게 사용할 수 있는 것이 '공포증 증상 기록표'다. 이러한 기록을 통해 공포 증상들이 얼마나 좋아지고 있는지를 알 수 있다. 기록하지 않으면 자신의 변화된 정도를 축소해서 평가하기 때문에 극복 동기가 줄어들 수 있다.

또한 기록은 자신이 객관적인 관찰자가 되게 한다. 많은 연구에 의하면, 객관적인 관점을 갖게 됨으로써 정서반응에 통제력을 증가시킬 수 있다고 한다. 예를 들어, 공포 상황에 직면해서 나타나는 주관적인 인상은 "정말 끔찍해. 오늘도 잘되지 않았어. 나의 공포증은 고쳐지지 않을 거야"라고 할 때, 똑같은 상황에서의 객관적인 인상은 "내 불안은 6 정도야. 나는 전보다 30초 동안 더 머물 수 있었고, 신체적 증상과 인지적 증상들이 몇 가지 줄었어"라는 식으로 평가된다.

어떤 것에 대해 공포증을 가지고 있다면 터널 지나가기를 두려워하는 김 씨의 예처럼 〈공포증 증상 기록표〉를 이용하여 자신의 공포 증상을 관찰하여 기록해보자. ◆

〈공포증 증상 기록표〉

일시: 20○○년 10월 10일

상황: 집으로 가는 길에 남산 3호 터널을 통과하는 상황

불안 정도

0	1	2	3	4	5	6	7	8
전혀 없음				중간 정도				매우 심함

신체반응

- ■ 가슴이 두근거린다.　　　□ 숨이 가쁘다.
- ■ 가슴이 답답하게 조여든다.　□ 땀이 난다.
- □ 온몸이 떨린다.　　　　　　■ 질식할 것 같다.
- □ 어지럽다.　　　　　　　　□ 기타: <u>시야가 흐리다.</u>

자동적 생각

- 이 터널은 너무 길어.
- 교통이 마비된다면 어떻게 될까?
- 택시가 고장이 난다면 어떻게 될까?
- 터널 안은 마비될 거야.
- 나는 숨 쉬기가 힘들 거야. 그러다가 죽을지도 몰라.

행동

- 발 아래를 내려다본다.
- 터널이 시작되는 부분에서는 필요 이상으로 속도를 줄이고 터널의 중간이나 끝부분에서는 필요 이상으로 속도를 낸다.
- 집에 가서 할 일에 집중하려고 힌다.

4. 자동적 생각 바꾸기: 인지치료기법

두려움과 공포는 위험이나 위협이 있다고 지각될 때 생겨나는 감정이다. 공포증이 있는 사람은 실제로 위험이 없거나 적음에도 불구하고 상당한 위험이 있다고 생각한다. 결국 그들이 느끼는 공포나 두려움은 위험에 대한 왜곡된 지각으로 인해 나타나는 자연스러운 반응이다.

예를 들어, 어떤 사람이 엘리베이터가 고장 나지 않을 것이고 자신도 갇히지 않을 것이라든지 또는 설사 고장이 나서 갇힌다고 해도 질식해서 죽지는 않으리라는 사실을 정말로 믿는다면, 엘리베이터에 대한 공포증은 생겨나지 않을 것이다. 따라서 위험에 대한 비현실적이고 타당하지 않은 생각은 공포증을 발생시키고 유지시키는 데 있어서 매우 중요하다.

공포증을 극복하기 위해서는 위험을 비현실적이고 타당하지 않게 지각하는 것을 반드시 수정해야 한다. 이처럼 공포증이 있는 사람의 두려운 상황에 대한 비현실적인 생각을 파악하고 이런 생각의 타당성을 평가하여 수정하는 기법을 인지치료기법이라고 부른다.

지금부터 공포증이 있는 사람이 두려운 상황에 접했을 때 나타내는 대상이나 상황에 대한 비현실적이고 타당하지 않은 생각을 찾아내어 좀 더 현실적이고 타당한 생각으로 바꾸어 보는 방법에 대해 배워보자.

1) 자동적 생각 찾기

위험에 대한 타당하지 않은 생각을 바꾸기 위해서는 먼저 순간순간 스치고 지나가는 자동적 생각에 주의를 기울이고 이를 파악하는 것부터 시작해야 한다. 이런 자동적 생각을 정확하고 객관적으로 파악하는 것은 매우 중요하다. 공포 상황에 접했을 때 나타나는 자동적 생각을 파악할 수 있어야 자신의 생각이 행동이나 감정에 어떠한 영향을 미치고 있는지를 알 수 있게 되고, 자신의 생각을 맹목적으로 믿는 것에서 벗어나 객관적인 거리를 만들 수 있다. 이런 객관적인 관점을 가질 수 있어야 좀 더 현실적이고 타당한 생각으로 바꿀 수 있다.

어떤 사람들은 자동적 생각을 쉽게 찾아낼 수 있지만, 많은 경우 순식간에 스쳐 지나간 생각을 찾아내는 것이 결코 쉽지는 않다. 따라서 자동적 생각을 찾아내고자 한다면, 어느 정도의 연습과 훈련이 필요하다. 자동적 생각의 일반적인 특징은 다음과 같다.

- 분명하고 간결하다: 마치 전보나 속기같이 짧게 생략된 형태로 머릿속에 재빨리 스쳐 간다.
- 자동적이다: 거의 반사적으로 일어난다. 그냥 자동적으로 그런 생각이 드는 것이다.
- 그럴듯하거나 합리적인 것처럼 보인다: 그것이 옳은지 의문을 갖거나 검증하지 않은 채 무조건 타당한 것으로 받아들인다. 따라서 그러한 생각이 틀리다는 객관적인 증거가 있음에도 나타날 수 있다.
- 반복적이고 강력하다: 강박적 성향이 있어서 계속 반복적으로 나타나며 중단시키기가 어렵다.

특히 공포증이 있는 사람이 자동적 생각을 찾아내는 데 어려움을 겪게 되는 이유는 부정적인 자동적 생각이 오랫동안 습관화되어서 당연하고 타당하다고 생각하기 때문이다. 또한 위험과 관련된 생각들은 공포나 두려움을 유발할 수 있기 때문에 다양한 형태로 회피하려 한다. 짧은 순간 위험과 관련된 생각을 한 후에 곧바로 회피하거나 억제하려 하기 때문에 이를 파악하기 어려운 것이다.

자동적 생각을 찾아내는 가장 좋은 방법은 실제 두려운 상황에 접해본 다음 그때 떠오른 자동적 생각들을 적어보는 것이다. 다음과 같은 질문들이 자동적 생각들을 찾아내는 데 도움이 된다.

- '그때 어떤 생각이 들었는가?'
- '머리를 스치고 지나가는 생각이 무엇인가?'
- '그때 어떤 이미지가 떠올랐는가?'
- '그때 어떤 일이 일어날까 봐 두려웠는가?'

비행공포증이 있는 사람이 두려운 상황에 접했을 때 떠올랐던 자동적 생각의 예를 참조해보자.

〈자동적 생각 일지〉	
상 황	자동적 생각
비행기가 이륙하기 전	비행기가 이륙하다가 실패해서 불이 날지 몰라. 불이 나면 폭발할 테고, 난 죽을 거야.
비행기가 이륙하기 시작할 때	이렇게 심하게 비행기가 떨리는 것을 보면, 비행기 지체에 뭔가 문제가 있는 게 틀림없어. 아니면 조종사가 조종에 미숙한지도 몰라. 이러다

	가 사고가 나고 말 거야. 사고가 나면 거의 모든 사람이 죽을 거야.
비행 도중	지금 나는 비행기 소리는 뭔가 이상해. 틀림없이 비행기에 무슨 문제가 있어. 아니면 비행기가 납치되고 있는지 몰라. 무슨 문제가 생겨 인공호흡기를 쓰게 된다면, 나는 아마 숨이 막혀 죽을 거야.

2) 자동적 생각 평가하기

공포증이 있는 사람은 위험을 실제보다 과대평가하는 등 두려운 상황에 있을 때 나타나는 생각들에 이러한 인지적인 왜곡이 있는 경우가 많다. 따라서 두려운 상황에서 나타나는 자동적 생각은 사실이 아니라, 그 타당성을 검토해보아야 하는 하나의 가설이나 추측으로 다루어야 한다. 일단 자동적 생각을 가설로 받아들이게 되면, 자동적 생각의 타당성을 검토하는 질문이나 도전들에 좀 더 개방적이게 된다.

자동적 생각에 공통적으로 이러한 잘못이 나타나는데, 사건이나 상황에 대해 해석하는 과정에서 논리적인 잘못을 범했다고 해서 '인지적 오류'라고 말한다. 여러 인지적 오류 가운데 공포증을 가진 사람이 많이 보이는 대표적인 인지적 오류 2가지를 살펴보기로 하자.

(1) 과대평가

과대평가 오류란 실제 일어날 가능성보다 크게 생각하는 것을 말하는데, 부정적인 사건들이 실제로는 일어날 것 같지 않은 때조차도 부정적 사건들이 일어날 것이라고 생각하는 것이다. 공포증이 있는 사람은 실제 일어날 가능성이 거의 없는 부정적인 사건들을 일어날 가능성이 많은 것으로 생각하거나, 실제 일어날 가능성이 조금 있는 부정적인 사건들도 훨씬 더 많이 일어날 것이라고 생각한다.

다음에서 제시된 엘리베이터 안에 갇히게 되면 숨을 쉬기 힘들 거라고 두려워하는 김 양의 사례를 통해 김 양이 가지고 있는 자동적 생각 속의 과대평가라는 인지적 오류를 살펴보자.

> 20세의 대학생인 김 양은 몇 년 전부터 엘리베이터 타는 것을 두려워하여 엘리베이터를 타지 못한다. 그녀는 엘리베이터가 붐비면 '내가 숨 쉬기에 충분한 공기가 없는 것처럼 느껴져. 숨을 제대로 쉴 수가 없어'라는 생각을 하였고, 엘리베이터 문이 닫히기 전에 내려버렸다.

김 양은 실제와 자신의 느낌을 혼동하고 있다. 우리가 두려움을 느낄 때는 투쟁/도피반응의 일환으로 과호흡을 할 수 있고 숨이 가빠질 수 있다. 하지만 이것은 자연스러운 생리적 반웅이고 위험하지 않다. 또한 요즘 사용하고 있는 엘리베이터는 구조상 지속적으로 공기가 유입된다. 따라서 이런 객관적이고 현실적인 자료를 무시하고 공기가 부족해서 숨을 쉬지 못할 수도 있다고 생각하는 것은 일어날 가능성이 거의 없는 부정적인 일을 실제로 일어날 가능성이 매우 높은 것으로 생각하는 과대평가의 예다.

다음의 거미를 두려워하는 이 씨의 예를 통해서도 과대평가 오류를 찾아낼 수 있다.

> 이 씨는 35세의 컴퓨터 프로그래머다. 그녀에게는 말 못할 고민이 하나 있어서 늘 편치 못했다. 그녀는 거미만 보면 거의 경기를 일으키며 심한 공포를 느꼈다. 그녀는 거미를 보게 되면, '저 거미가 내 옷 속으로 들어갈 거야. 그렇게 되면 난 거미를 찾을 수 없게 되고 결국엔 내가 자는 동안 물려서 그 독으로 혼수상태에 빠지고 말 거야'라는 생각을 하게 된다고 한다. 그래서 그녀는 어디를 가든지 거미가 있는지 확인하느라 많은 시간을 보내고, 야외에는 나가지 않으며, 혹시 거미를 발견하면 문을 닫아버리고 다른 사람을 불러 잡게 하였다.

이 씨의 경우 거미가 나타나서 이 씨의 옷 속으로 들어갈 확률은 얼마나 될까? 이 씨의 옷 속으로 들어간다고 해도 못 찾을 확률은 얼마나 될까? 만약 거미에게 물렸을 때 혼수상태에 빠질 가능성은 현실적으로 얼마나 되는가? 이런 질문을 통해 우리는 이 씨가 일어날 가능성이 거의 없는 일에 대해 과대평가하고 있다는 것을 알 수 있다.

이런 과대평가의 오류들은 객관적인 증거에도 왜 지속되는가? 한 가지 이유는, 공포증이 있는 사람은 지속적으로 공포대상이나 상황을 회피하기 때문에 반대 증거를 수집하지 못하는 것으로 설명할 수 있다. 그렇다면 공포 상황을 직면한 후에도 왜 계속 과대평가 오류가 지속될까?

아파트 10층에 고소공포증이 있는 한 주부가 살고 있다. 그녀는 적어도 1주일에 한 번은 아파트 베란다에 나간다. 하지만 결코 그녀의 걱정처럼 아파트 베란다에서 떨어지는 일은 일어나지 않았다. 그럼에도 그녀는 여전히 베란다에서 떨어질지 모른다는 두려움을 가지고 있다. 왜 그런가?

이들은 위험한 일이 현실로 일어나지 않은 것은, 실제 그런 일이 거의 일어나지 않기 때문이 아니라 자신이 어떤 안전한 행동들을 했기 때문이라고 생각한다. '내가 난간 쪽으로 가지 않았기 때문에 떨어지지 않았어' '내가 10층 아래를 내려다보았다면 떨어졌을 거야' '내가 벽을 잡고 있있기 때문에 떨어지지 않았어. 만약 벽을 잡지 않았다면 나는 중심을 잃고 떨어

졌을지 몰라'라는 식으로 생각한다. 실제로 그녀가 벽을 잡았
건 잡지 않았건, 아래를 쳐다보았건 쳐다보지 않았건, 난간 쪽
으로 갔건 안 갔건 간에 그녀가 베란다에서 떨어질 확률은 거
의 없다. 하지만 그녀는 자신이 여러 가지 안전행동을 했기 때
문에 떨어지지 않았다고 생각하고, 이렇게 생각하기 때문에
두려움은 없어지지 않는다.

이런 잘못된 과대평가가 계속되는 또 다른 이유는, 자신이
옳다고 생각하기를 좋아하는 경향 때문이다. 사람은 자신의
생각이나 신념이 옳다는 것을 증명하려고 애쓴다. 또 기분이
좋고 자신감에 차 있을 때면, 자신의 단점은 별로 보지 않고
자신의 장점에만 초점을 맞추게 된다. 그렇다면 공포증의 경
우에는 어떨까? 두렵고 불안한 신념을 가진 사람은 자신의 신
념과 일치하는 일들을 찾는 경향이 있다. 비행기공포증이 있
는 사람은 자신이 가진 신념으로 인해 치명적인 비행기 사고
소식에 더 주의를 기울일 수 있다. 그러나 비행기 사고로 사망
할 확률은 백만분의 일밖에 되지 않는다.

(2) 파국화

파국화 오류를 재앙화나 극단적 생각이라고도 하는데, 어
떤 사건의 결과를 실제보다 더 나쁘게 확대해서 생각하는 오
류를 말한다. 이런 인지적 오류는 어떤 일을 '극히 위험한' 혹

은 '도저히 참을 수 없는' 혹은 '파국적'인 일로서 보기 때문
에 생겨난다. 공포증이 있는 사람은 흔히 자신에게 부정적인
일이 일어날 가능성이 훨씬 더 많다고 생각하고, 그런 일이 일
어났을 때 결과가 끔찍할 것이라고 극단적으로 생각하는 경향
이 있다. 공포증이 있는 사람이 보이는 전형적인 파국화의 예
는 다음과 같다. '나는 도저히 그런 두려움에 대처할 수 없을
거야' '뱀들은 크고 징그러워. 나는 뱀을 본다면 기절하고 말
거야' '주사의 고통은 도저히 참을 수 없어. 내가 상상할 수 있
는 최악의 고통일 거야.'

그러면 자신에게 일어날 수 있는 일의 결과를 파국적으로
나쁘게 해석하는 파국화 오류의 사례를 보자.

중소기업에 다니는 김 과장은 1년 전 고속도로에서 대형
교통사고를 목격하고 난 다음부터 교통사고에 대한 두려움
때문에 고속도로에 가지 못한다. 그래서 집이 신도시라 고속
도로를 이용하면 출퇴근이 매우 편리한데도 30분 이상 우회
하는 주변도로를 이용하여 출퇴근을 하고 있다. 김 과장은 자
신이 고속도로에 가게 되면 너무 두려워서 어쩔 줄 몰라 당황
할 것이고, 그렇게 되면 핸들을 제대로 조작하지 못해 대형사
고가 나서 자신이 죽거나 크게 다칠 것이라고 생각한다.

김 과장은 고속도로에 나가게 되었을 때의 결과를 너무 나쁘고 끔찍하게 생각하기 때문에 고속도로에 나가지 못한다. 또한 고속도로에 나갔을 때 있을 수 있는 결과 중 최악의 결과를 예상하여 지나치게 불안해하고 있다.

자동적 생각에 과대평가나 파국화 등의 인지적 오류가 있는지 확인하여 그 현실성과 타당성을 평가해야 한다. 만약 인지적 오류가 발견된다면 그 자동적 생각은 그럴만하지 않은, 즉 현실적이거나 타당하지 않은 생각이라고 볼 수 있다.

3) 현실적이고 타당한 생각으로 바꾸기

공포 상황에서 떠오르는 부적응적인 자동적 생각을 찾아서 과대평가나 파국화 등의 인지적 오류를 범하고 있는지 확인하는 등 그 현실성과 타당성 등을 평가했다면, 그 다음 단계는 공포 상황에서 보다 타당하고 건강한 방식으로 생각하고 반응할 수 있도록 비현실적이고 타당하지 않은 자동적 생각을 현실적이고 타당한 생각으로 바꾸는 일이다.

이를 위해, 자신의 자동적 생각을 일련의 질문과 답변을 통해 타당성, 현실성, 효과성 차원에서 검토하는 방법을 사용한다. 만약 타당하거나 현실적이지 않다면, 다르게 생각할 수 없는지 그 대안적 생각을 찾아보는 작업을 해야 한다.

자동적 생각의 타당성과 현실성 등을 스스로 평가해보기 위해서 다음과 같은 질문들이 사용된다.

- 그렇게 생각하는 근거는 무엇인가?
  - 이러한 생각을 뒷받침하는 근거는 무엇인가?
  - 이 생각에 반反하는 근거는 무엇인가?
- 이것은 항상 사실인가?
- 달리 설명할 수는 없는가?
- 일어날 수 있는 최악의 일은 무엇인가?
  - 일어날 수 있는 최선의 일은 무엇인가?
  - 현실적으로 가장 일어날 가능성이 많은 일은 무엇인가?
- 실제 최악의 일이 일어난다면, 정말로 끔찍할까?
  - 내가 그 상황에서 할 수 있는 일이 하나도 없는가?
- 나는 이 일을 세부적이 아니라 전체적으로 보고 있는가?
- 나는 충분히 객관적인가?
- 나는 동일한 행동을 하는 다른 사람을 어떻게 보는가?

일련의 소크라테스식 문답법을 통해 공포증이 있는 사람은 자신의 자동적 생각이 현실적으로 타당한가를 평가하고 보다 타당하고 현실적인 생각으로 바꿀 수 있다. 이런 식으로 자신의 자동적 생각에 대해 타당한지를 검토해보는 탐색을 반복해서 연습하면 자동적 생각에 대해 스스로 문답하며 평가할 수 있는 정신적 습관이 생기게 된다.

(1) 과대평가에 반박하기

과대평가의 오류에 반박하는 방법은 자신의 판단에 대한 근거를 묻는 것이다. 잘못된 자동적 생각을 반박하는 일반적인 방법은 자신의 자동적 생각을 객관적 사실이 아닌 추측이나 가설로 받아들이고, 그런 생각에 대한 근거를 검토하며 보다 현실적인 대안을 찾아보는 것이다. 이렇게 지금까지 가지고 있었던 자신의 자동적 생각에 대한 근거들을 고려하고 정확한 정보를 수집함으로써 좀 더 현실적이고 타당한 생각으로 바꿀 수 있다.

과대평가 오류를 반박하기 위해서는 자신의 자동적 생각을 반박하는 정보를 적극적으로 탐색해보는 것이 중요하다. 예를 들면, 번개로 인해 사망한 2백만 명 중 한 사람에게 초점을 맞추는 대신에, 번개가 쳐도 죽지 않은 나머지 199만 9,999명에게 주의를 기울여라. 안전하게 착륙하는 수백만 대의 비행기에 대한 정보가 단 하나의 비행기 추락사고 정보보다 훨씬 더 중요하고 현실적인 정보다.

또한 과대평가 오류를 반박하기 위해서 어떤 일이 일어날 확률을 생각해보면 도움이 된다. 일어날 확률이 얼마인지를 생각해보는 것은 '내가 생각하기에 일어날 것 같다' 혹은 '내가 생각하기에 아마도 일어날 것 같지 않다'라고 생각하는 것보다 더 객관적이다. 이 작업은 보다 객관적인 관점에서 생각을 바라보게 만듦으로써 과대평가 오류를 수정하는 데 도움이 된다. 이런 지레짐작의 오류를 바꾸기 위해서는 다음과 같은 질문들이 도움이 된다.

- 그렇게 생각하는 근거가 무엇인가?
- 달리 설명할 수는 없는가?
- 실제로 그런 일이 일어날 확률은 얼마나 될까?
- 두려워하는 사건의 발생 확률을 과대평가하고 있지는 않은가?

엘리베이터 안에 갇히게 되면 숨 쉬기가 힘들어서 질식할까봐 두려워하는 김 양의 예를 다시 살펴보자. 이런 자동적 생각의 타당성을 따져보기 위해 '엘리베이터에 갇히게 되면 질식하게 될 것이라고 생각할 만한 객관적이고도 정확한 근거가 있는가?' '실제로 엘리베이터 안에서 갇혀서 질식하게 될 확률은 얼마나 될까?'라는 질문을 던져보는 것이 도움이 된다.

〈인지적 훈련 기록지〉

상황: 엘리베이터 안에 갇힌 상황

자동적 생각: 엘리베이터 안에 갇혀서 숨을 제대로 못 쉬게 되면 질식할지 몰라.

인지적 오류: 과대 평가

이 생각은 타당한가?: 그렇게 생각할 만한 객관적인 근거가 있는가? 달리 설명할 수 없을까? 실제로 그런 일이 일어날 확률은 얼마나 될까?

타당한 생각: 엘리베이터 안에 갇히게 되면 질식할 것이라는 객관적인 근거가 있는 것은 아니야. 나는 숨이 가빠지는 내 느낌만 가지고 그렇게 생각했어. 숨이 가빠지는 것은 내가 불안해서 숨을 고르게 쉬지 않았기 때문이지, 질식하는 것은 아니야. 실제로 엘리베이터 안에 갇혀서 질식한 사고는 없었잖아.

실제로 김 양이 엘리베이터 안에서 질식하게 될 것이라고 생각할 만한 객관적인 근거는 매우 부족하다. 김 양은 엘리베이터 안에서 질식한 일도 없었으며, 실제로 엘리베이터 안에 갇힌 사람이 질식한 사고에 대해서 한 번도 들어본 적이 없다. 김 양이 그렇게 생각하는 근거는 엘리베이터 안에 있으면 답답하게 느껴지고 숨이 가빠졌다는 자신의 느낌뿐이다. 엘리베이터 안에서 숨이 가빠지는 것을 곧 질식할 것이라는 징후로

보는 것 말고 달리 설명할 수는 없을까? 숨이 가빠진 것은 김 양이 불안해져서 숨을 고르게 쉬지 않은 것이지 질식하는 것과는 상관이 없다. 이런 근거들을 고려해볼 때 김 양이 엘리베이터 안에서 질식할 확률은 거의 제로에 가깝다.

비현실적이고 타당하지 않은 자동적 생각을 여러 질문을 통해 좀 더 현실적이고 타당한 생각으로 바꾸어보자.

(2) 극단적 생각에 반박하기

공포증이 있는 사람은 두려운 대상이나 상황에 대해서 인지적 · 정서적으로 회피하려는 경향이 있기 때문에, 자신이 두려워하고 있는 상황이 과연 그렇게 끔찍한지 그리고 그러한 상황이 일어날 확률은 얼마나 되는지를 면밀히 생각해보지 않는다. 따라서 일어날 수 있는 최악의 경우를 냉철히 생각해보는 질문이 도움이 된다.

또한 이들은 자신이 두려운 상황에 처하게 되면 불안에 압도되어 제대로 대처할 수 없을 것이라고 생각한다. 즉, 이들은 자신에게는 그런 두려운 상황에 적절히 대처할 만한 능력이 없다고 생각한다. 따라서 이러한 질문을 통하여 내담자의 평소 대처 능력으로도 극복할 수 있는 길이 얼마든지 있음을 깨닫게 하는 것이 필요하다.

파국화의 오류를 극복하기 위해서는 일어나는 일들이 생각했던 것만큼 파국적이지 않다는 것을 깨달아야 한다. 또한 일어난 일들이 얼마나 부정적인지를 생각하는 대신에 그런 일에 대처할 수 있는 방법들을 고려해봄으로써 파국화의 오류를 극복할 수 있다. 예를 들어, 고속도로 공포증으로부터 벗어나기 위해서는 고속도로에서 운전하는 동안 나타나는 두려움에 대처할 수 없다는 것에 초점을 맞추기보다는, 짧은 거리를 운전해보는 것과 같이 두려움을 극복하기 위해 해야 할 일에 초점을 맞추어야 한다. 다시 말해서, 파국화의 오류를 수정하기 위해서는 지금껏 했던 회피행동에 반대되는 행동적 대처에 초점을 맞추는 것을 배워야 한다.

주사의 고통에 초점을 맞추는 사람의 경우, 고통은 순식간에 지나갈 것이고 예전에 더 강렬한 고통도 견디어냈다는 것을 깨달음으로써 이런 부정적인 생각을 바꿀 수 있을 것이다. 또는 동물을 두려워하는 사람은 동물을 봤을 때 대처할 수 없다고 생각하는 대신에, 동물에게 접근해서 효과적으로 동물을 다루는 방법을 생각할 수 있다.

두려움이 아무리 강렬할지라도 어느 정도는 견디어낼 수 있다. 파국화의 오류를 수정하는 방법은 이 생각을 좀 더 넓은 관점에서 보고, 자신이 대처할 수 없다고 자동적으로 가정해버리는 대신에 대처할 수 있는 일을 생각하는 것이다. 이 경우 다음의 질문이 도움이 된다.

- 실제로 어떤 일이 일어날 수 있을까?
- 그 상황에서 일어날 수 있는 최악의 경우는 무엇인가?
- 실제로 이런 일이 일어날 가능성이 있는가? 있다면 얼마나 되는가?

또한 '실제로 이런 일최악의 경우이 일어난다면 과연 그렇게 끔찍한가?' '내가 전혀 어떻게 할 수 없는 것인가?'와 같은 질문을 해봄으로써 그런 상황에서 대처할 수 있는 일을 파악해서 구체적인 방법을 열거해본다. 이렇게 하면 자신이 그런 상황에 결코 무기력하지 않으며, 어느 정도 적절하게 대처할 수 있다는 것을 깨닫게 될 것이다.

앞에서 나온 고속도로를 운전하지 못하는 김 과장의 예를 다시 생각해보자. 극단적 생각을 반박하는 방법은 자신에게 다음과 같은 2가지 질문을 해보는 것이다. 첫째, '고속도로에서 운전하다 당황하는 것이 정말로 끔찍한 일인가? 만약 고속도로에서 운전하다 당황하게 되면 어떤 일이 일어날까?' 김 과장은 고속도로에서 운전하다 두려워서 당황하게 되면 운전을 하는 데 다소 지장은 있지만, 그렇다고 완전히 정신을 잃거나 통제력을 잃어버리지는 않을 것이다.

둘째, '실제로 운전하다 너무 불안하고 두려워져서 운전을 잘 할 수 없다면, 나는 어떻게 할 수 있을까? 내가 할 수 있는 일이 전혀 없을까?'와 같은 질문을 해본다. 김 과장이 고속도로 운전 중 매우 불안해지거나 두려워지더라도 바로 정신을 잃거나 아무것도 할 수 없지는 않을 것이다. 매우 불안하게 느끼더라도 여전히 그 상황에서 대처할 수 있는 최소한의 일은 할 수 있을 것이다. 예를 들면, 차를 세운다든지 속도를 줄이는 등 그 상황에서 무언가는 할 수 있을 것이다. 따라서 고속도로에서 운전하게 되면 통제력을 잃을 것이라는 생각보다는 그런 상황에서 자신이 어떻게 대처할 수 있는가를 생각해보는 것이 도움이 된다. ◆

5. 신체감각의 변화에 대처하기

두려운 상황에 직면했을 때 일어나는 불안 및 공포반응과 같은 신체 변화에 대해 대처할 수 있는 능력을 기르는 것은 중요하다. 불안할 때 나타나는 신체감각을 극복하는 가장 좋은 방법은 이러한 신체감각이 위험하거나 해로운 것이 아니라, 위험을 지각할 때 나타나는 자연스러운 생리적 반응이라는 것을 깨닫는 것이다. 이와 더불어 신체감각의 변화를 통해 효과적으로 이완시키는 기법들을 학습하는 것이 불안할 때 나타나는 신체 변화에 대처하는 데 효과적인 보조장치가 될 수 있다. 대표적인 이완훈련 방법인 긴장이완훈련과 호흡훈련법은 특히 직면하기 등의 행동치료기법을 적용하는 데 필수적으로 익혀야 하는 기법이기도 하다.

1) 급성신체반응과 만성신체반응

두려움에 대한 신체반응이란 두려운 상황에 처하기 직전이나 이런 상황에 처했을 때 경험하는 신체적인 감각이다. 가령 뱀공포증이 있는 사람이 뱀을 아주 가까이서 보는 상황을 상상해보자. 그의 심장은 쿵쾅거리고 손과 얼굴은 땀으로 뒤범벅될 것이다. 이런 증상들은 갑작스럽고 매우 강렬한 것으로 급성신체반응이라고 할 수 있다. 반면에, 두려움에 대한 만성신체반응은 보다 덜 강렬하지만 오랜 시간 동안 유지된다. 이런 만성적인 반응에는 두통, 위통, 피로감, 초조함 등이 있다.

두려움에 대한 신체반응의 구분이 항상 명확하게 이루어지는 것은 아니다. 예를 들어, 만성불안의 수준이 높은 사람이 갑작스럽게 급성불안 증상을 경험하기 쉬운 경우도 있다. 그러나 설명을 보다 쉽게 하기 위해서 이후부터는 두 개의 불안 반응을 개별적인 것으로 다룰 것이다. 급성불안의 경우 호흡조절법을 사용하면 도움이 되고, 만성불안반응의 경우 긴장이완훈련을 통해 더 깊은 이완 상태에 도달할 수 있게 되면 만성적인 긴장 상태를 많이 줄일 수 있을 것이다.

두려움을 완전히 없애는 것은 불가능할 뿐만 아니라 현실적인 목적도 아니다. 또한 두려움을 느끼는 것이 오히려 적절한 상황도 많다. 비록 두려움을 완전히 없애는 것은 불가능하지만, 두려움을 다루는 것은 가능하며 바람직한 일이다. 두려움과 불안을 느끼더라도 두려운 상황에서 적절하게 행동할 수 있다는 것을 명심해야 한다. 또한 연습을 많이 하게 되면 자신감도 커지고 두려워하는 상황을 보다 쉽고 편하게 느끼게 될 것이다.

여기서 소개하는 긴장이완훈련이나 호흡조절법은 신체감각을 효과적으로 이완시키는 데 자주 사용되는 기법들이다. 호흡조절법 같은 경우 급성불안반응을 다루는 데 가장 간단하고 효과적인 기법이지만 유일한 방법은 아니므로, 호흡조절법을 시도해보고 효과가 없으면 긴장이완훈련이나 명상 등 자신에게 맞는 다른 방법들을 찾아볼 수 있을 것이다.

자, 지금부터 두려울 때 나타나는 신체 변화에 대처하는 방법들을 하나씩 살펴보자.

2) 신체 변화에 대한 잘못된 생각 바꾸기

공포증이 있는 사람은 두려운 대상이나 상황에 직면하지 않을 때에는 거의 불안을 느끼지 않는다. 그러나 그들은 두려운 상황에 직면하게 되면 가슴이 두근거리고, 몸이 떨리며, 숨이 가빠지는 등 다양한 신체 증상들을 경험하게 된다. 사람들은 왜 이런 신체석 감각들을 두려워하는가?

진화론적 관점에서 볼 때 투쟁/도피반응은 사람들이 위험한 환경에 적응하는 데 유용하였다. 즉, 외적 위협이나 위험이 많은 원시시대에서는 외적 위험이 있을 때 도망가거나 싸우는 태세로 우리 몸이 비상태세를 갖추지 않으면 생존할 수 없었다. 이런 의미에서 이런 신체적 변화는 사람으로 하여금 즉각적으로 행동할 수 있게 준비시키기 위한 것이며 사람을 보호하기 위한 것이다.

사람은 위험이 지각되면 자율신경계 중 교감신경계로 응급사태라는 메시지를 보내 에너지를 방출하고 신체가 어떤 활동을 할 수 있게끔 준비시킨다. 중요한 것은, 교감신경계가 실무율적으로 작용한다는 것이다. 즉, 교감신경계가 활성화되면 그것의 모든 부분이 다 반응하고, 이에 따라 많은 신체적 변화가 공포반응 동안 경험되는 것이다.

교감신경계는 아드레날린과 노르아드레날린이라는 화학물질을 방출하여 교감신경계를 활성화시키는데, 아드레날린과 노르아드레날린이 신체의 다른 화학물질에 의해 파괴되거나 교감신경계와 반대 효과를 가지고 있는 부교감신경계가 활성화되어서 이완감을 회복한다.

결국 신체는 충분한 투쟁/도피반응을 한 다음에는 부교감신경계를 활성화시켜서 이완감을 회복하는 것이다. 따라서 두려움이나 공포는 영원히 계속되지도 않고 또한 계속 증가하지도 않으며, 따라서 이런 신체적 변화는 자연스럽고 무해한 것이다.

우리가 신체감각에 과도하게 신경 쓰다 보면 더 예민해지고 더 많이 느껴지지만, 두려움이나 공포를 자연스러운 반응으로 받아들이고 그대로 내버려둔 채 느끼다보면 시간이 흐르고 자연스럽게 감소하는 것을 경험할 것이다. 또는 긴장이완훈련과 호흡훈련법을 통해서 주의를 호흡 등의 특정 신체감각으로 돌림으로써 효과적으로 긴장을 완화시킬 수 있다.

3) 긴장이완훈련

긴장이완훈련은 점진적 이완훈련 또는 근육이완훈련이라고도 한다. 긴장이완훈련은 깊은 이완 상태에 도달하기 위한 체계적인 기법이다. 이완할 수 있는 능력은 공포증을 극복하기 위한 모든 기법의 기초가 된다. 이 책에서 소개되는 많은 기법은 이런 이완 훈련을 함께 사용하는 경우가 많다.

제이콥슨Jacobson이 개발한 이 기법은 다양한 근육을 긴장시켰다가 이완시키는 것을 통해 깊은 이완 상태에 도달하게 하는데, 공포증과 함께 목이나 어깨의 만성적인 긴장 상태, 긴장성 두통, 안면긴장 등에 특히 효과적이다. 긴장이완훈련은 근육을 강력하게 수축시키는 긴장 과정과 수축된 근육을 풀어주

긴장이완훈련 시 고려사항

1. 하루에 적어도 20분 정도 실시한다. 20분씩 두 번 한다면 더욱 좋다.

2. 전화나 에어컨 소리 등과 같은 소음이 들리지 않고 방해받지 않는 조용한 장소를 찾아서 실시한다.

3. 정해진 시간에 실습한다. 기상 후, 자기 전, 식사하기 전이 가장 좋은 시간이다. 지속적으로 매일 연습하는 것이 일반화 효과의 가능성을 높일 수 있다.

4. 공복에 실습한다. 포만감은 깊은 이완을 방해한다.

5. 편안한 자세를 취한다. 몸 전체를 기댈 수 있어야 한다. 소파나 침대에 눕거나 안락의자에 앉아서 몸이 의자나 베개에 완전히 기댈 수 있게 한다.

6. 달라붙는 옷은 느슨하게 하거나 벗어버린다. 신발, 시계, 안경, 보석 등도 벗어버린다.

7. 어떤 것도 걱정하지 않겠다고 결정하고, 하루의 근심거리를 다 내려놓는다.

8. 수동적이고 거리를 두는 태도를 취한다. 이것은 가장 중요한 부분이다. '그냥 내버려둔다'라는 태도를 취하고 이 훈련을 내가 얼마나 잘하는지 염려하는 것으로부터 해방되어야 한다. 이완하려고 노력하지 말고, 자신의 신체를 통제하려고 애쓰지 마라. 자신의 수행을 판단하지 마라. 중요한 점은 내버려두라는 것이다.

는 이완 과정으로 구성된다. 근육을 이완하기 전에 먼저 수축시키는 이유는 긴장하고 이완하는 과정이 마치 용수철과 같은 원리를 가지고 있기 때문이다. 즉, 근육을 강력하게 수축하면 할수록 보다 이완하기가 쉬워진다.

이러한 긴장이완훈련을 정기적으로 연습함으로써 불안이나 공포 증상이 나타났을 때 효과적으로 긴장을 완화하고 이완된 상태를 유도할 수 있다. 나아가 장기적으로는 공포증과 관련된 예기불안을 감소시킬 수 있고, 점진적 노출 및 직면을 통해 공포 상황을 직면하는 능력을 향상시킬 수 있다. 또한 집중력을 향상시키고, 두려움에 대한 통제감을 증가시키는 효과를 얻을 수 있다. 이런 장기적인 효과를 일반화 효과라고 부른다. 매일 이완 훈련을 하게 되면 1~2개월 후에는 이완 훈련을 하지 않은 시간에도 이완 훈련의 효과가 일반화된다.

〈긴장이완훈련 절차〉

긴장이완훈련은 16개의 근육 부분들을 차례로 수축시켰다 이완시켰다 하는 것으로, 요점은 각 근육을 약 10초 동안 바짝 수축시켰다가 풀어버리는 것이다. 그리고 나서 15~20초 동안 이완되었을 때와 수축되었을 때가 어떻게 다른지를 느끼면서 이완하는 것이다. 점진적인 긴장이완훈련을 할 때 지침은 다음과 같다.

- 자신이 조용하고 편안한 장소에 있는지 확인한다.
- 특정 근육을 수축시킬 때 7~10초 동안 바짝 조인다.
- 무엇이 일어나고 있는지에 집중하고, 특정한 근육에서 긴장되는 것을 느껴본다.
- 갑자기 근육을 풀어 근육이 갑자기 풀어지는 느낌을 즐기면서 이완한다. 다음 근육을 수축시키기 전에 적어도 15~20초 동안의 이완 시간을 가져야 한다.
- 특정 근육에 대해 작업하고 있는 동안에는 가능하면 신체의 다른 근육들은 이완된 상태로 둔다.
- 각 근육을 한 번씩 이완하고 수축시키는데, 특정 부분에서 긴장감이 특히 많이 느껴지면 두세 번 반복한다.

긴장이완훈련의 지시문은 다음과 같다.

　　손에 잡히는 물건을 꽉 잡으십시오. 꽉 잡고 있는 손의 감각에 신경을 집중하시기 바랍니다. 먼저, 어떤 감각이 오는가를 알아보십시오. 손에 닿은 감각이라든가 그 밖에 여러 감각이 느껴질 것입니다. 이제 물건에서 손을 떼시고 이완된 상태에서 풀어진 근육의 감각에 주목하십시오.
　　이제부터는 당신의 몸의 다른 부분도 차례차례로 해볼 것입니다. 제가 말하는 대로 각 근육 부분을 바짝 조였다가

풀면서, 바짝 긴장했을 때와 완전히 근육을 풀어놓을 때의 감각의 차이에 주목하시기 바랍니다. 이렇게 계속 연습하시는 동안 당신은 점점 편안해지면서 과거의 어느 때보다 더욱 편안해질 것입니다.

자, 오른쪽 주먹을 꽉 쥐시고 팔뚝의 근육이 떨릴 때까지 꽉 쥐십시오. 꽉 잡고 있는 손의 감각에 집중하십시오. 팔뚝과 손마디에 닿은 긴장감을 느끼십시오약 7~10초. 자, 이젠 주먹을 펴시고 긴장을 푸십시오. 긴장을 풀고 난 다음의 팔뚝과 주먹의 편안해진 감각을 느끼십시오. 주먹과 팔뚝에서 풀어지고 시원해져 오는 느낌을 만끽하십시오이 상태로 약 15~20초.

자, 다시 당신의 오른손과 팔뚝을 함께 꽉 조이십시오. 그러면서 손과 팔의 근육에서 느껴지는 긴장감에 주목하십시오. 꽉 조인 손가락 마디마디와 팔뚝에서 느껴지는 감각에 정신을 집중하십시오. 자, 이제 손을 완전히 풀어놓으십시오. 그리고 손과 팔뚝의 풀린 감각을 느끼십시오. 당신의 손과 팔은 이제 점점 이완되고 과거의 어느 때보다 편안한 상태가 되었을 것입니다. 우리는 이것을 연습할 때마다, 아무런 긴장이 없이 점점 더 편안하고 포근한 상태가 될 것입니다.

이러한 절차로 오른쪽 팔꿈치와 어깨까지의 부분을 조인

다. 이렇게 오른쪽 손과 팔을 이완시킨 후에 다른 근육 부분도 같은 방식으로 훈련한다. 다른 근육에 대한 이완 훈련은 다음과 같이 스스로에게 말하면서 할 수 있다.

"앞이마와 얼굴 앞부분의 근육을 최대한으로 조이거나 찡그리십시오. 이제 풀어버리십시오. 앞이마에서 긴장감이 사라지는 것을 느끼실 것입니다."

"눈을 꽉 조이면서 감으시고, 코를 조이십시오. 더 조이면서 거기에 따르는 긴장감을 느끼십시오. 이제 풀어버리세요. 눈과 코, 얼굴 전체에 퍼져가는 편안한 상태를 느끼십시오. 얼굴의 근육을 풀었을 때의 편안한 상태와 꽉 조였을 때의 긴장감의 차이를 느끼게 될 것입니다."

"턱을 위 가슴팍에 꼭 대면서 목 쪽에서 오는 긴장감을 느끼십시오."

"양 어깨를 앞으로 힘껏 젖히고 등의 근육이 점점 조여 들어가는 것을 느끼십시오."

"당신의 배를 안으로 끌어당겨 등뼈까지 밀어붙이십시오. 그리고 뱃가죽이 조여드는 것을 느끼십시오."

"오른쪽 넓적다리의 근육을 바짝 조이십시오. 넓적다리의 윗부분과 아랫부분이 서로 꽉 조이도록 하십시오."

근육을 수축시킬 때는 숨을 들이쉰 채 가만히 있고, 근육을 풀 때 숨을 내쉬는 것이 좋다. 이완 훈련을 끝마칠 때는 다섯부터 하나까지 거꾸로 천천히 세면서 이전 상태로 돌아온다. 이완훈련을 마치는 데는 보통 20~30분 정도 걸리는데, 연습이 거듭될수록 시간이 줄어들 것이다. 전체 이완기법의 지시문을 카세트에 녹음하여 사용할 수도 있다.

4) 호흡조절법

호흡훈련을 통해 불안하고 긴장되어 있는 상태를 효과적으로 완화시킬 수 있다. 호흡은 산소 요구량과 이산화탄소 배출량에 의해 결정되는데, 거의 자동적으로 조절되는 생리적 현상이다. 그러나 물속에서 숨을 참는다거나 풍선을 불 때처럼 의도적으로 조절할 수 있다. 또한 호흡은 두려움이나 공포와 같은 감정의 영향을 받기 때문에, 역으로 호흡을 조절하여 두려움이나 공포 등의 감정에 영향을 미칠 수 있다.

호흡조절법은 여러 가지가 있는데, 가장 효과적인 방법은 크게 2가지 요소로 이루어진다. 첫째, 호흡을 천천히 하는 것이다. 호흡조절법이라고 하면, 흔히 '보다 느리고 보다 일정하게 호흡하는 방법'을 말한다. 호흡하는 방법에는 가슴으로 숨을 쉬는 흉식호흡과 배로 숨을 쉬는 복식호흡이 있다. 흉식호흡이든 복식호흡이든 간에 호흡을 천천히 그리고 일정하게 쉬는 것이 중요하다. 그러나 흉식호흡을 사용하는 것보다 복식호흡을 사용하는 것이 이완하는 데 보다 효과적이다.

둘째, 호흡에 집중하는 것이다. 이완이 되는 과정은 불안이나 공포를 유발한 자극이나 대상으로부터 주의를 다른 데로 돌리되, 규칙적인 대상에 집중하는 것이 핵심이다. 언제 어디서나 우리가 효과적으로 사용할 수 있는 규칙적인 대상은 무엇일까? 그것은 바로 호흡이다. 숨을 들이마시고 내쉬는 호흡의 규칙적인 과정에 정신을 계속 집중하다 보면, 자연스럽게 불안이나 공포로부터 벗어나 이완되는 상태에 이를 수 있게 된다.

(1) 호흡조절법은 어떤 작용을 하는가

보통 횡격막을 이용하여 배를 움직여서 호흡을 하지 않고 가슴으로만 호흡하는 데서 그치는 사람들이 많다. 갓난아기의 잠든 모습을 한번 살펴보라. 아기가 숨을 쉴 때는 복부가 움직인다. 또한 당신이 잠을 잘 때도 배를 움직이며 호흡할 것이다.

왜 이것이 중요할까? 가슴만 이용해서 호흡을 하면 호흡항진의 위험이 있다. 호흡항진은 흔히 가슴이 두근거리는 것을 말한다. 다른 형태의 호흡항진에는 한숨 쉬기, 하품하기, 숨을 참고 있기, 강제로 깊은 호흡하기 등이 있다. 이처럼 가슴으로 하는 얕은 호흡은 문제를 일으킬 수 있다. 모르는 사이에 당신은 만성적인 호흡항진을 경험하고 있을지도 모른다.

호흡항진은 신체의 화학적인 변화를 유발하여 이산화탄소, 칼슘, 산소 등의 회학물질의 균형을 깨뜨린다. 이런 변화가 생명에 위협이 될 만큼 위험한 것은 아니지만, 불안으로 인한 신체 증상에 민감한 사람에게는 중요한 영향을 미칠 수 있다. 예를 들어, 호흡이 가빠진다거나, 머리가 텅 빈 것 같은 느낌이 들거나, 어지럽거나 비현실감을 경험할 수 있다. 비현실감이란 마치 꿈속에서 이리저리 걸어 다니는 것 같은 느낌을 말한다.

호흡항진을 가진 사람은 불안할 때 숨을 보다 빨리 쉬는 경향이 있어서 호흡항진이 보다 심해지고 불쾌한 불안 증상을 겪게 되는 악순환이 계속된다. 따라서 불안이나 공포반응을 가진 사람은 배로 호흡을 하는 법을 익히는 등 호흡 방법을 다시 훈련하는 것만으로도 신체 증상을 완화시킬 수 있다.

⑵ 효과적인 호흡조절법

호흡을 보다 효과적으로 하는 방법은 정말 쉽다. 단지 3가지의 내용만 머릿속에 기억하면 된다.

첫째, 천천히 호흡을 한다. 숨을 천천히 쉬면 1분에 8~10회

정도의 호흡만 할 수 있게 된다. 하지만 반드시 셀 필요는 없다. 단지 호흡 속도를 늦추는 데 집중한다. 이렇게 호흡에 집중하게 되면 현재 느끼고 있을지도 모르는 불안 증상에 대한 주의가 호흡으로 옮겨지는 효과가 있다.

둘째, 코로 숨을 들이마시고 입으로 숨을 내쉰다. 입으로 숨을 들이마시고 내쉬는 호흡을 하게 되면, 다시 흉식호흡으로 되돌아가기 십상인데, 코로 숨을 들이마시고 입으로 내쉬는 호흡 방식은 호흡항진을 막을 수 있다. 또한 코로 숨을 들이마시면, 한 번에 공기를 확 들이마시지 않게 되어 천천히 호흡을 할 수 있다. 자, 이제부터 숨을 들이마실 때는 입은 다물고 코로 호흡을 하고, 숨을 내쉴 때는 입을 살짝 벌려서 끝까지 천천히 내쉬어보자.

셋째, 정상적인 호흡을 변화시켜 흉식호흡과 복식호흡 간에 균형을 이루어야 한다. 모든 호흡을 다 배로 할 수는 없다. 평균적으로 네 번 복식호흡을 할 때 한 번 정도 가슴을 이용해서 흉식호흡을 하는 것이 좋다.

이 법칙에는 2가지 예외가 있다. 만약 폐기종이나 천식 같은 호흡기 질환이 있다면 복식호흡법을 익히는 것이 무척 어려울 수 있다. 물론 이런 호흡법을 익히는 것이 호흡기 질환을 지닌 사람들에게 도움이 되지만, 일단 의사와 상의해야 한다.

또한 흉식호흡과 복식호흡 간의 비율에 신경을 쓰지 않아도 될 때가 있다. 힘든 육체노동이나 운동을 한 후에는 숨이 거칠어지고 가슴과 복부를 모두 이용해서 호흡을 하게 될 것이다. 이때는 몸이 많은 양의 산소를 필요로 하기 때문에 억지로 복식호흡만을 고집할 필요는 없다. 충분히 호흡이 안정된 후 다시 자신의 호흡을 관찰하면서 흉식호흡과 복식호흡의 비율을 맞춘다.

(3) 복식호흡 익히기

먼저, 방해받지 않는 조용한 장소를 찾아야 한다. 전화나 초인종, 가족의 방해를 받지 않는 시간이 매일 15분씩 두 번 필요하다. 따라서 문을 잠그고 전화를 끈다. 그다음에는 몸과 마음을 편안히 해야 하므로 편히 앉거나 누울 수 있는 장소를 물색한다. 등을 편히 기대고 너무 꼭 조이는 옷은 삼가는 것이 좋다. 침대, 마루, 안락의자 등이 좋은 장소다.

진척 상황을 평가하기 위해서 자신의 불안수준을 측정하는 방법을 익혀야 한다. 이때 반드시 직접 자신의 불안을 평가해야 한다. 불안지수는 자신의 불안수준을 평가하는 데 도움이 되며, 이 과정에서는 〈복식호흡 일지〉가 도움이 된다. 이것을 이용해서 스스로 불안수준을 평가하고 기록한다. 한 번 연습할 때마다 연습 전과 연습 후의 불안 상태를 평가해야 한다. 그리고 연습을 얼마나 오래 했고 어디서 연습했는가를 기록하

〈복식호흡 일지〉

0	1	2	3	4	5	6	7	8	9	10
전혀 불안하지 않은 상태			약간 불안한 상태		보통 불안한 상태			많이 불안한 상태		매우 불안한 상태

날짜/ 시간	시작 전의 불안 수준 (1~10)	연습시간	끝난 후의 불안 수준 (1~10)	연습장소	평가

고, 평가란에는 이번 연습이 성공적이었는지, 방해를 많이 받았는지, 무슨 문제가 있었는지 적는다.

많은 사람이 이완훈련을 통해 불안을 다루는 연습을 하는 동안에 눈을 감아야 하는지 물어본다. 눈을 감든 뜨든 그것은 전적으로 자신에게 달렸다. 눈을 감으면 연습에 집중하고 다른 방해를 받지 않는 데 도움이 된다. 하지만 대인관계 상황에서는 분명히 눈을 뜨고 있을 것이다. 따라서 눈을 뜨고 연습하면 실제 생활에 적용하기가 보다 쉬울 것이다.

복식호흡법을 연습하는 것은 매우 쉽다. 우선 등을 바닥에 대고 누워서 편안한 자세로 수 초 동안 숨을 고른다. 가슴은 고정하고 배로 숨을 쉬는 연습을 할 것이다. 즉, 배를 부풀리면서 숨을 들이마시고, 배를 낮추면서 천천히 숨을 내쉰다. 이때 왼손을 가슴 위에 올리고 오른손은 배에 얹은 상태로 숨을 쉬면 그 변화를 쉽게 알 수 있다. 즉, 왼손은 가만히 있고 오른손만 오르내리도록 숨을 쉬는 것이다. 숨을 들이마시면서 풍선처럼 배를 부풀렸다가, 공기를 천천히 밀어내듯이 숨을 내쉰다.

어떤 사람은 호흡과 배의 움직임을 일치시키는 데 어려움을 겪는다. 하지만 그렇다고 해서 너무 낙심하지 말자. 신체는 이미 복식호흡을 하는 방법을 알고 있다. 매일 잠자리에 들기 전에 훈련만 하면 된다. 반드시 천천히 호흡을 해야 하며, 코로 들이마시고 입으로 길게 내쉬는 2가지 원칙만 잘 기억하고 있다면 쉽게 배울 수 있을 것이다.

이런 훈련과 더불어 간이 연습도 할 수 있다. 자주 하는 활동을 한번 생각해보자. 운전을 많이 한다면 신호에 걸려 기다리는 동안 잠시 연습을 할 수 있다. 전화를 하고 있을 때나 텔레비전을 보고 있을 때, 방에 혼자 있을 때 15~30초 동안 호흡을 천천히 깊게 하기만 하면 된다.

분명히 갑자기 불안수준이 높아지는 경우가 있을 것이다. 바로 이 순간이 당신이 경험하고 있는 불편감을 감소시키는 방법이 필요한 때이며, 이때 호흡조절법이 도움이 될 수 있다. 일단 복식호흡법을 능숙하게 사용할 수 있게 되면 어떤 상황에서도 이 방법을 이용할 수 있다. 가령 미팅을 나간 자리에서 대화를 하기 전에 아주 잠시 동안 호흡조절법을 실행하면 이전에 나타났던 손이 떨린다든지 땀이 많이 난다든지 심장이 터질 듯이 쿵쾅거리는 등의 불안 증상들이 사라지거나 많이 경감되는 것을 느낄 수 있을 것이다.

(4) 혹시 생길 수 있는 문제들을 다루기

어떤 사람은 간혹 숨을 들이마시면 배가 오히려 들어간다고 호소하기도 한다. 이런 현상은 흉식호흡을 한 경우에 나타나므로, 천천히 배를 이용하여 복식호흡을 해보면 쉽게 해결

된다.

또 '왜 빨리 효과가 나타나지 않지?'라며 조바심을 내고 있을 수 있다. 그 마음은 충분히 이해하지만 빨리 서두르면서 동시에 긴장을 풀 수는 없는 일이다. 억지로 호흡을 하려고 노력하면 오히려 호흡항진이 나타날 수도 있다. 연습에 충분한 시간을 투자하면 복식호흡법을 완전히 통달할 수 있을 것이다.

또한 규칙적으로 매일 같은 시간에 연습하는 습관을 들이면 보다 좋은 결과를 얻을 수 있다. 한번 자신의 〈복식호흡 일지〉를 보라. 정말 당신이 생각하는 것처럼 연습하고 있는가? 연습 결과를 일지에 적는 일은 꾸준히 연습하는 데 도움이 된다. 만일 연습을 게을리 했다면 좋은 결과가 나타나지 않았다고 불평하지 못할 것이다. 또한 한 번에 기적이 일어나길 바라지 마라. 2주 정도 훈련했다고 심한 불안 상태가 갑자기 감소되는 것은 아니다. 심한 불안 상태에서도 증상을 감소시키려면 부단한 연습이 필요하다. 연습을 꾸준히 하면 불안을 보다 잘 감소시킬 수 있게 된다.

〈복식호흡 일지〉의 평가란을 잘 살펴보라. 혹시 자주 연습을 방해받거나 중단되지는 않았는가? 만일 그렇다면 전화기를 꺼놓거나 가족에게 방해하지 말아달라고 이야기해야 한다.

혹시 연습을 하는 동안에 잠이 드는가? 연습 중에 자꾸 잠이 들면 연습의 효과가 반감된다. 이럴 때는 연습 장소를 바꿔보

라. 만일 침대에서 연습하고 있다면 마루나 거실에서 연습을 해본다. 또는 연습시간을 바꿔서 정신이 맑은 시간에 연습을 한다.

일지의 평가 부분은 연습을 하는 동안 어떤 걱정이나 근심스러운 생각을 했는지 알려준다. 그리고 만일 그래 왔다면 이런 생각에 빠지지 않도록 노력해야 한다. 일단 이런 생각이 자신의 연습을 방해하고 있다는 점을 인정하고 주의를 호흡에 집중한다.

최선을 다했지만 불안이 감소하지 않고 오히려 더욱 심해질 수도 있다. 이런 현상을 '이완에 의한 불안'이라고 하는데, 이는 이완 훈련을 연습하기 시작한 소수의 사람들에게 나타난다. 몸을 편안하게 이완하는 것에 익숙하지 않기 때문이다. 따라서 처음에는 이것이 익숙하지 않더라도 조만간 익숙해지므로 금방 효과가 나타나지 않는다고 낙심하지 말고 꾸준히 연습해야 한다. 그리고 이렇게 이완 훈련을 지속적으로 하다보면, 이완에 대한 불안도 사라지게 될 것이다. ◆

6. 직접 부딪쳐보기: 행동치료기법

　행동주의 측면에서 인간의 행동을 볼 때 심리장애는 정상 행동을 벗어난 비정상적인 행동으로서, 신체의 기능 변화를 동반한 사고, 감정 및 행동의 장애가 학습된 결과라고 본다. 이렇게 잘못 학습된 행동을 학습 이론의 원리에 따라 체계적으로 교정하여 부적응적인 행동을 없애고 건설적인 행동을 다시 학습하는 것이 행동치료의 목표다. 이러한 행동치료는 고전적 조건형성, 조작적 조건형성, 체계적 둔감화 등이 기초가 되어 개발된 치료 기법이다.

　행동치료기법은 무의식적 갈등 규명이나 역동적 동기분석보다는 객관적으로 관찰되는 문제행동 자체를 없애거나 수정하는 데 더 비중을 둔다. 이는 행동을 바꾸면 감정이 뒤따라온다고 보기 때문이다. 현재 행동치료기법은 인지치료 이론과 결합하여 사용되는 경향이 증가하고 있고, 정신역동 이론과

통합 병용하려는 노력도 있다. 또한 약물치료와 병용하기도
한다.

최근에 심리학자들은 공포증을 치료하기 위해서는 두려워
하는 상황에 부딪쳐보는 직면기법이 가장 효과적이라는 것에
동의한다. 인지적 재구성, 이완훈련, 약물치료 등을 부가적으
로 사용하는 것이 직면 훈련만 하는 것보다 더 좋은 효과를 나
타내지 않는다는 결과도 있다. 단, 혈액과 상처에 대한 공포증
은 예외다. 그럼 특정공포증의 치료에 적용할 수 있는 행동치
료기법들을 살펴보자.

1) 상상 직면 훈련

공포증을 극복하는 가장 효과적인 방법은 두려운 상황에
직접 부딪쳐보는 것이다. 여태껏 피해온 대상이나 상황에 직
면하는 것이 처음에는 불가능하다고 느껴질 것이다. 하지만
그런 상황에 직면하는 과제를 작은 단계로 나누어 훈련해보
면, 두려운 상황에 직면하는 것이 훨씬 쉽게 느껴질 수 있다.
이때 실제 상황에 직접적으로 직면하는 것보다는 먼저 두려운
상황을 상상해서 직면해보는 상상 직면 훈련부터 시작하는 것
이 효과적이다.

공포증의 경우 불안과 특정한 상황 간에는 밀접한 관련이

있다. 즉, 특정한 상황이나 대상은 불안을 자동적으로 일으킨다. 공포증이 있는 사람은 이런 관련성이 자동적이고 자신의 통제 밖에 있다고 느끼기 때문에 상황에 직면하는 것을 피한다. 또한 두려운 상황이나 대상을 피하게 되면 불안을 경험하지 않기 때문에 회피행동은 점점 증가한다.

직면 훈련을 통한 둔감화를 일으키기 위해서는 이완된 상태에서 공포 상황에 직면할 필요가 있다. 먼저, 이완훈련을 충분히 습득하여 이완된 상태를 유도한 다음에, 공포 상황을 직면하는 것이다. 공포 상황을 직면하는 것은 상상 직면 훈련과 실제 직면 훈련의 2가지로 구분된다.

상상 직면 훈련은 이완된 상태에서 공포 상황에 있다고 상상하는 것이다. 훈련 도중 불안해지면 상상하고 있는 두려운 상황에서 철수하여 이완 훈련을 통해 다시 이완된 상태로 돌아와야 한다. 이완 훈련 방법으로는 긴장이완훈련법, 복식호흡 등의 호흡훈련법 그리고 자신이 평화롭고 안전한 장소에 있다고 상상하는 방법 등이 있다.

실제 직면 훈련은 직접적으로 공포 상황에 직면하는 것이지만, 불안을 어느 수준 이상 느끼면 안전한 장소로 돌아올 수 있다. 2가지 훈련 모두 공포 상황과 불안반응 간의 관련성을 끊고, 그 대신 이완감과 공포 상황을 관련시키는 것이 중요하다. 이완과 불안은 양립할 수 없다. 따라서 직면 훈련의 목표는 공포 상황에 머물면서 이완하는 법을 배우는 것이다.

실제 상황에 직면하기 전에 먼저 상상 직면 훈련을 함으로써 실제로 두려운 상황에 직면할 때 느끼는 불안을 많이 줄일 수 있고, 공포 상황에 접하게 될 것이라고 예상할 때 경험하게 되는 예기불안을 극복하는 데도 도움이 된다. 공포증이 있는 사람들은 실제 상황에 접하기 오래전부터 불안한 생각과 심상으로 인해 심한 불안을 느끼게 된다. 따라서 미래의 공포 상황을 상상하면서 이완하도록 체계적으로 훈련받으면 예기불안이 많이 감소된다. 지진이나 폭풍 같은 자연재해에 대한 공포증을 가진 사람이라면 실제 상황에 직면하는 것이 가능하지 않을 수 있다. 이러한 사람에게는 상상 직면 훈련이 도움이 된다.

상상 직면 훈련은 이완기법과 직면기법을 함께 사용한다. 우선 공포를 일으키는 강도에 따라 공포를 가장 약하게 일으키는 상황에서부터 가장 심하게 일으키는 상황까지 여러 단계의 목록을 작성한다. 그다음에는 이완 훈련을 통해서 몸을 이완시킨다. 이완 상태에 이르면 공포 상황의 단계목록 중 가장 작은 공포를 유발하는 장면부터 상상한다. 첫 번째 단계에서 이완 상태를 유도하여 불안이나 공포를 느끼지 않게 되면 다음 강도의 공포 유발 장면을 상상한다. 이런 식으로 가장 높은 공포 유발 장면에까지 이르면 이 절차는 끝난다.

(1) 직면 훈련 단계목록 구성하기

단계목록을 잘 구성해야 점진적으로 공포 상황에 접근할 수 있다. 우선 직면 훈련을 원하는 공포 상황을 선택한다. 여기에는 고속도로에서 운전하기, 비행기 타기 등이 있다. 그다음에는 가장 적게 불안을 일으키는 상황을 단계목록의 첫 번째 단계로 정하고, 가장 많은 불안을 일으키는 상황을 목록의 마지막 단계로 정한다. 그리고 이 사이에 공포증에 관련된 다양한 강도의 불안 상황을 6개 이상 만들어서 단계의 순서를 정한다.

자신을 더 불안하게 만들거나 덜 불안하게 만드는 요인이 무엇인지 알아보고 그 요인들을 사용하여 다양한 강도의 불안을 일으키는 상황을 만들어본다. 고속도로 운전을 두려워하는 사람이라면 불안의 강도에서 차이를 만드는 요인은 거리, 교통 혼잡 정도, 혼자 운전하는 것 등이 있을 것이다. 〈직면 훈련 단계목록〉의 예시를 참조하라.

단계는 일반적으로 8개에서 12개가 적당하다. 8개 이하일 경우에는 다소 부족한 감이 있다. 때때로 한 단계에서 다음 단계로 넘어가기가 힘들게 느껴질 수도 있다. 이런 경우에는 두 단계 사이에 중간 단계를 만들면 도움이 된다. 단계목록상 첫 단계의 상황에 편안함을 느끼기 힘든 경우에는 첫 난세를 보다 덜 위협적인 상황으로 구성할 필요가 있다.

〈직면 훈련 단계목록 1〉

직면 상황: 고속도로에서 운전하기

단계	단계별 직면 상황
1	고속도로에서 차들이 빨리 지나가는 것을 바라보는 것
2	고속도로를 운전하는 다른 사람의 차를 타는 것
3	교통이 혼잡하지 않을 때 옆자리에 친구가 앉은 상태에서 하나의 출입구가 나올 때까지만 고속도로에서 운전해보기
4	교통이 좀 더 혼잡할 때 옆자리에 친구가 앉은 상태에서 하나의 출입구가 나올 때까지만 고속도로에서 운전해보기
5	교통이 혼잡하지 않을 때 옆자리에 친구가 앉은 상태에서 2개의 출입구를 지날 때까지 고속도로에서 운전해보기
6	교통이 상당히 혼잡할 때 옆자리에 친구가 앉은 상태에서 2개의 출입구를 지날 때까지 고속도로에서 운전해보기
7	교통이 혼잡하지 않을 때 혼자서 하나의 출입구가 나올 때까지만 고속도로에서 운전해보기
8	교통이 혼잡하지 않을 때 혼자서 2개의 출입구를 지날 때까지 고속도로에서 운전해보기
9	교통이 상당히 혼잡할 때 혼자서 2개의 출입구를 지날 때까지 고속도로에서 운전해보기
10	교통이 혼잡하지 않을 때 혼자서 집에서 직장까지 고속도로를 운전해보기
11	교통이 혼잡할 때 혼자서 집에서 직장까지 고속도로를 운전해보기

(2) 상상 직면 훈련하기

상상 직면 훈련을 체계적 둔감법이라고 부르기도 한다. 체계적 둔감법에는 이완을 유도하는 과정과 공포장면을 상상하면서 이완을 다시 느끼는 과정이 있다. 우선, 긴장이완훈련법이나 복식호흡법을 사용하여 10~15분 동안 이완한다. 그런 다음 자신에게 안전하고 평화로운 장소를 떠올리며 그곳에 있는 것처럼 상상해본다. 이곳은 당신이 마음속에서 생생하게 그려볼 수 있는 이완된 장소다. 충분히 이완되었다면, 이때 〈직면 훈련 단계목록〉의 첫 상황에 있는 것처럼 최대한 생생하고 자세하게 상상한다. 그러면서 계속 이완 상태를 유지하도록 노력한다. 자신이 편안하고 자신감 있게 행동하고 있다고 상상하도록 한다.

그 상황에서 불안이나 공포를 느끼지 않게 되면 다음 단계의 상황으로 넘어간다. 만약 약하거나 중간 정도의 불안을 경험한다면, 그 상황에서 이완하며 자신이 조용하고 자신감 있게 대처한다고 상상하면서 1분 정도를 더 보낸다. 직면이 충분히 성공적이면, 다시 이완 훈련과 평화로운 장소에 대한 상상을 통해 이완된 상태로 돌아간다. 충분히 이완하기 위해 평화로운 상황에서 1분 정도를 보내고 나서, 자신이 다시 앞의 공포 상황에 1분 정도 있다고 상상한다. 공포 상황에서 더 이상 불안을 느끼지 않을 때까지 공포 상황과 평화로운 상황 사이를 1분씩 번갈아가면서 상상해본다.

특정 상황에 있다고 상상할 때 많이 불안해지면 10초 이상 상상하지 말고 즉각적으로 안전하고 평화로운 장면으로 돌아와서 충분히 이완될 때까지 머무른다. 안전한 장면과 공포 상황에의 노출을 짧게 반복하면서 점차 단계목록상의 단계를 높이며 보다 어려운 상황에 부딪쳐본다.

공포 상황에 대한 불안을 없애기 위해서는 적어도 두 번 정도의 직면이 필요하다. 그리고 이전의 상황에서 완전히 편안함을 느낄 때까지는 다음 단계로 나아가지 않아야 한다. 매일 15분 내지 20분 정도 실시하되, 훈련을 시작할 때는 새로운 단계가 아니라 지난번에 성공했던 단계부터 시작한다.

2) 실제 직면 훈련

상상 직면 훈련은 종종 이런 실제 직면 훈련에 앞서 해볼 수 있는 좋은 방법이다. 모든 종류의 공포증에서 실제 직면 훈련을 하기 전에 상상 직면 훈련을 하는 것이 바람직하다. 그러나 공포증을 극복하기 위해서는 실제로 두려워하는 상황에 직면하는 것이 가장 효과적이다. 〈상상 직면 훈련 단계목록〉에서 절반 이상을 성취했을 때 실제 공포 상황에서 직면 훈련을 시작해보는 것이 좋다.

실제 직면 훈련은 실제 둔감법, 노출치료, 노출 훈련이라고 부르기도 한다. 많은 심리학 연구에 따르면, 공포 상황에 직접적으로 부딪쳐보는 것이 다른 어떤 치료보다도 효과적이었다. 게다가 실제 직면 훈련으로부터 얻은 효과는 몇 주나 몇 달 후에도 없어지지 않았다. 일단 실생활에서 공포 상황에 충분히 부딪쳐보면 공포증으로부터 완전히 해방될 수 있다.

실제 직면이 이처럼 효과적인 치료 방법인데도 왜 여전히 공포증으로 고생하는 사람이 주위에 그렇게 많을까? 왜 모든 사람이 그렇게 효과적인 치료법을 사용하지 않는 것일까? 사람들이 직면 훈련에 대해 확신을 갖지 못하는 이유 중 하나는, 많은 사람이 과거에 직면을 시도했지만 효과가 없었다고 느꼈기 때문이다. 직면이 효과적이지 못했던 이유는 다음과 같다.

첫째, 공포증이 있는 사람은 자신들이 실제 직면 훈련을 했다고 믿었지만 실제로는 직면을 하지 않았을 수 있다. 두려운 상황에 억지로 직면하는 것은 특정한 상황을 정해서 반복적으로 직면 훈련을 하는 것과는 다르다. 예를 들면, 응급실에 있는 가족을 보기 위해 한 번 고속도로에서 운전해보는 것은 운전공포증을 극복하기 위해 1주일에 서너 번 고속도로를 운전해보는 직면 훈련과는 다른 것이다. 따라서 부정적인 한 번의 경험과 진정한 의미의 실제 직면 훈련을 혼돈해서는 안 된다.

둘째, 반복된 훈련을 충분히 빈번하게 시도하지 않았을 수 있다. 이것은 한 번의 훈련과 다음 훈련까지의 시간 간격이 너무 길다는 것을 의미한다. 또한 한 번 직면 훈련을 할 때 충분히 오랫동안 계속하지 않고 너무 빨리 끝냈을 가능성이 있다. 이럴 경우에는 오히려 공포 상황에 대한 예민함만 높아져서 공포와 두려움이 증폭되는 경향이 있다.

셋째, 두려운 상황에서 직면 훈련을 하는 동안 주의를 분산시키려고 하면 직면 효과가 반감된다. 예를 들어, 엘리베이터 공포증이 있는 사람이 엘리베이터 안에서 다른 곳에 있다고 생각하거나 다른 생각을 하려고 노력한다면 직면 훈련의 효과는 줄어들게 된다. 이와 마찬가지로 두려움이나 불안을 줄이기 위해 하는 미묘한 회피행동도 직면의 효과를 줄이는 경향이 있다. 예를 들어, 뱀공포증이 있는 사람이 뱀이 잘 나오는 뒷산을 갈 때 자신을 보호하기 위해 큰 장화와 장갑을 끼고 가는 안전행동을 한다면, 직면 훈련 효과가 감소할 것이다. 왜냐하면 직면 훈련의 효과에 대해 주의를 분산시키는 행동이나 안전행동 때문으로 돌릴 수 있기 때문이다.

(1) 왜 오랫동안 피해왔던 대상에 대해 직면해야 하는가

회피는 재학습을 방해한다. 즉, 두려운 대상을 회피하게 되면 그런 대상에 적절히 대처하는 방법을 배울 기회가 없어진다. 또한 두려운 대상을 회피하게 되면 그 대상이 생각만큼 불안을 일으키지 않으며 위험하지 않다는 것을 배우지 못한다. 엘리베이터 공포증이 있는 사람이 엘리베이터를 타지 않는다면, 엘리베이터가 층 사이에서 멈춘다 할지라도 질식해 죽지는 않는다는 사실을 어떻게 깨달을 수 있겠는가?

또한 공포나 두려움을 줄이기 위해 상황을 미묘하게 회피할 때 이런 회피행동이나 안전행동은 재학습을 방해한다. 주사공포증이 있는 사람이 주사를 맞는 동안 전혀 쳐다보지 않는다면, '주사가 피부를 나쁘게 손상시킬 거야' 혹은 '주사기가 엄청나게 클 거야'와 같은 두려운 생각은 그대로 남아있을 것이다.

(2) 직면을 하게 되면 어떻게 두려움이 감소되는가

공포 대상에 대한 반복된 경험이 어떻게 두려움을 감소시키는가에 대해서는 몇 가지 설명이 있다.

첫째, 직면을 하게 되면 성취감 또는 대처감이 생겨난다. 압도적인 것으로 보였던 과제를 해냈다는 것을 깨닫게 되면, 과제 수행에 좀 더 자신감이 생기게 된다. 자신감이 향상되면 다음에 할 과제에 직면하게 될 때 경험하는 두려움과 어려움의 수준은 낮아지게 된다. 더불어 자신감이 향상되면 어려운 상황에 직면할 때 지속력과 인내심이 증가하게 된다. 불편감을 기꺼이 참으려고 하는 마음을 가지는 것이 공포증의 극복에서는 매우 중요하다.

둘째, 이전에는 피해왔던 상황에 반복적으로 직면하게 되면 우려했던 위험한 일이 일어나지 않는다는 것을 깨닫게 된다. 예를 들면, 엘리베이터 안에서 영원히 갇히게 될 것이라든지 베란다에서 떨어지게 될 것이라는 우려는 피해왔던 상황을 직접 경험하면 쉽게 반박할 수 있게 된다. 직접 경험을 해보는 것이 비현실적이고 타당하지 않은 우려를 변화시키는 가장 좋은 방법이다.

셋째, 최소한의 불편감만을 느낄 때까지 직면 훈련을 계속하면 새로운 연합이 생겨나게 된다. 이제 상황은 두려움 대신 편안함과 새롭게 연합될 수 있다. 예기불안 때문에 상황을 회피하려는 경향이 생겨나므로, 새로운 연합을 통해 회피하려는 욕구와 회피 습관을 없앨 수 있다.

위에서 살펴본 바와 같이 직면 훈련이 효과적이기 위해서는 직면하는 사람이 적극적으로 참여해야 한다. 만약 진정으로 공포증을 극복하기 원한다면, 오랫동안 피해왔던 상황들에 직면해보는 위험과, 두려워하는 상황에 직면할 때 처음 느끼는 심한 불편감을 감수해야 한다. 그 순간을 잘 버티고 넘기면, 공포 상황에 대한 직면 훈련이 주는 치료적 효과를 경험할 수 있을 것이다. 물론 훈련을 하다 보면 일시적인 퇴보가 있을 수 있지만, 직면 훈련은 충분히 오랜 시간 동안 일관성 있게 계속 해야 한다는 것을 기억하라.

(3) 실제 직면 훈련하기

실제 직면 훈련의 기본적인 절차는 상상 직면 훈련과 거의 유사하다. 상상 직면 훈련에서처럼 직면 훈련을 할 공포 상황의 단계목록을 만들어 실제 상황에서 하나씩 훈련해보는 것이다.

두려운 상황에 부딪쳐보기 전에 부딪쳐볼 과제를 정해야 한다. 또한 두려운 상황에서 불안과 두려움을 줄이기 위해 자신이 자주 사용하는 미묘한 회피행동, 즉 안전행동을 생각해보고 그런 안전행동이 자신의 불안이나 두려움을 줄이는 데 도움이 되지 않는다는 것을 상기해보자.

① 직면 훈련 단계목록 만들기

공포 상황의 예 중에서 가장 불안을 적게 유발하는 상황부터 가장 많은 불안을 유발하는 상황까지 차례대로 생각해서 적어보자. 이렇게 상황을 단계적으로 세분해놓으면 단계적이고 점진적인 직면 훈련을 할 수 있을 뿐 아니라, 특정한 단계에서 어려움이 생길 때 그 전 단계로 돌아가서 다시 시작해볼 수 있는 이점이 있다.

직면할 과제는 구체적이고 특정적이며 행동적인 용어로 정해야 한다. 예를 들어, 거미공포증이 있는 사람이 〈직면 훈련 단계목록〉을 만든다고 가정해보자. 이때 목록에는 '거미에 접근하기'보다는 '손 위에 거미가 기어 다니도록 놔두기' 등으로 정하는 것이 좋다.

또한 맨 처음 직면할 과제는 불안을 가장 적게 일으키는 상황으로 정한다. 점진적으로 두려운 상황에 직면하는 것이 직면 훈련에서 가장 중요하기 때문이다. 처음에 너무 어려운 상

〈직면 훈련 단계목록 2〉	
직면 상황: 거미에 접근하기	
단계	단계별 직면 상황
1	작게 나와 있는 거미 사진 보기
2	크게 확대되어 있는 거미 사진 보기
3	움직이는 거미가 나오는 영화 보기
4	살아 있는 거미가 담긴 대야로부터 1미터 밖에 서 있기
5	살아 있는 거미가 담긴 대야로부터 50센티미터 밖에 서 있기
6	살아 있는 거미가 담긴 대야로부터 20센티미터 밖에 서 있기
7	살아 있는 거미가 담긴 대야를 만지기
8	컵을 이용하여 거미를 잡기
9	손 위에 거미가 기어 다니도록 놔두기
10	팔에 거미가 기어 다니도록 놔두기

황부터 직면을 시작하면 극복에 실패하기 쉽고, 이렇게 되면 위축되어서 다음에 다시 두려운 상황에 직면해볼 용기가 생기지 않는다.

② 안전행동 파악하기

실제 직면 훈련을 할 때에는 공포 상황에서 두려움과 불안을 줄이기 위해서 해왔던 미묘한 회피행동, 즉 안전행동을 정확하게 파악해야 한다. 예를 들어, 거미공포증이 있는 사람이 거미가 나올 것 같은 뒤뜰을 거니는 직면 훈련을 한다고 하자. 그들이 이때 많이 하는 안전행동의 예로는 두꺼운 장갑 끼기, 긴 장화 신기, 두껍고 긴 옷 입기, 다른 곳에 있다고 생각하기 등이 있다. 그러나 이때는 안전행동을 적극적으로 하지 않고 상황에 직면할 계획을 세워야 한다. 안전행동은 직면 훈련의 효과를 반감시키고 결국에는 두려움을 극복하지 못하게 한다는 사실을 명심해야 한다.

③ 안전행동 없이 두려운 상황에 머무르기

두려운 상황에 직면하는 동안에는 안전행동이나 미묘한 회피행동을 하지 않도록 적극적으로 노력해야 한다. 이렇게 회피 방법을 쓰지 않고 두려운 상황에 직면해야 효과적으로 직면 훈련을 할 수 있다. 안전행동은 일시적으로 두려움을 줄여

줄 수는 있지만, 결국에는 공포증을 극복하는 데 장애가 된다는 것을 명심해야 한다.

주의분산도 공포증이 있는 사람이 두려움을 줄이기 위해 흔히 하는 안전행동이다. 공포증이 있는 사람은 흔히 두려운 상황에 직면하게 되면 다른 것을 생각하려고 애쓴다. 이런 주의분산은 일시적으로 불안을 감소시켜줄 수 있지만, 공포 상황을 완전히 회피하는 것과 같기 때문에 장기적으로 다른 유형의 안전행동과 같은 방해 효과를 일으킨다. 주의분산은 '불안은 영원히 계속되지는 않는다' '위험은 일어나지 않는다' '자신이 상황에 대처할 수 있다'는 것을 배우지 못한다. 가장 좋은 방법은 안전행동과 같은 방어적 행동이나 주의분산 기법을 사용하지 않고 두려운 상황에 충분히 직면하는 것이다.

④ 두려운 상황에서 후퇴하기

후퇴한다는 것은 더 편안하게 느껴져서 다시 돌아올 때까지 일시적으로 두려운 상황을 떠나 있는 것으로, 회피나 도피와는 다르다. 일시적으로 그 상황으로부터 물러남으로써 자신이 그 상황에 다시 예민해지고 공포증이 강화되는 것을 막을 수 있다.

⑤ 회복과 반복

일시적으로 공포 상황으로부터 물러난 후에는 자신의 불안 수준이 낮아질 때까지 충분한 시간을 가지고 기다린다. 다시 평정 상태를 회복하는 데는 복식호흡법이나 긴장이완훈련이 도움이 된다.

회복이 된 후에 다시 공포 상황에 직면하여 불안이 통제하기 어려운 수준이 될 때까지 머무른다. 전에 비해 더 오랫동안 두려운 상황에 머물 수 있다면 나아진 것이다. 후퇴한 후에 자신의 수행이 전에 비해 좋지 않다고 할지라도 자신을 비난하면 안 된다. 이것은 흔히 있는 일이며, 시간이 지나면 진전이 나타날 것이다.

⑥ 직면-후퇴-회복의 반복

직면-후퇴-회복은 한 번에 할 수 있는 훈련 내용으로, 30분 내지 2시간 정도가 소요된다. 대부분 하루 한 번의 훈련으로 충분하다. 직면 훈련을 하다 보면 어떤 날은 잘 되다가도 어떤 날은 그 전날보다 더 못할 수 있다. 이보 전진, 일보 후퇴라는 말이 있다. 일시적인 퇴보는 얼마든지 있을 수 있다. 꾸준히 계속하다 보면 점차적으로 확실히 좋아질 것이다. 또한 이런 퇴보는 두려운 상황에서 불안을 극복하기 위해 어떻게 하는 것이 좋을지를 배울 수 있는 좋은 기회다. 이런 기회를 학습의 기회로 활용해보자.

3) 효과적인 직면 훈련을 위한 고려사항

첫째, 위험을 기꺼이 감수하려는 마음가짐을 가져야 한다. 오랫동안 피해왔던 공포 상황에 직면하려면 어느 정도의 위험을 감수해야 한다. 작고 특정한 목표를 가지고 점진적으로 시도하다 보면 위험을 감수하는 것이 훨씬 쉽게 느껴질 수 있다. 공포 상황의 단계를 설정하면 점진적으로 직면 훈련을 할 수 있게 된다.

둘째, 불편감을 감수하려는 마음가짐을 가져야 한다. 오랫동안 피해왔던 상황에 직면하는 일이 편안하고 유쾌한 일은 아니다. 직면 훈련을 하는 동안 어느 정도의 불안을 경험하는 것은 피할 수 없다. 직면 훈련을 처음 시작할 때에는 흔히 전보다 더 나빠진다고 느낄 수 있다. 더 나빠진다고 느끼는 것은 퇴보하는 것이 아니라 직면 훈련이 제대로 되고 있다는 증거다.

셋째, 자신의 속도대로 진행한다. 직면 훈련의 목표는 문제를 얼마나 빨리 극복하는가를 보여주는 것이 아니다. 무엇보다도 자기에게 맞는 속도로 자신만의 직면 훈련을 실시하는 것이 좋다.

넷째, 직면 훈련 초기에 느낄 수 있는 강렬한 두려움에 대처하는 방법을 배운다. 두려운 상황에 직면해서 불안해질 때 후퇴할 수 없다면 두려움에 대처하는 방법을 사용해볼 수 있다. 두려울 때 느끼는 신체감각에 저항하기보다는 대처하는 자세를 갖는 것이 필요하다. 이때는 복식호흡과 긴장이완훈련이나 긍정적인 생각 목록이 도움이 될 수 있다.

다섯째, 작은 성공에 대해 자신에게 보상해준다. 작은 성공에 대해 일관되게 자신에게 어떤 보상을 주는 것은 중요하다. 예를 들어, 전날보다 두려운 상황에 몇 분 정도 더 머물 수 있었다면 새 옷이나 외식 등으로 자기에게 스스로 상을 준다. 작은 성공에도 보상이 있다면 훈련을 계속하려는 동기를 계속 유지하는 데 많은 도움이 된다.

여섯째, 직면 훈련 동안 예상되는 것을 알자. 예측 가능성은 불안을 줄여준다. 일반적으로 무엇이 일어날지를 미리 알면 과제가 훨씬 쉽게 느껴진다. 예를 들어, 수술 받을 사람에게 어떤 의학적 절차를 받을 것이고 어떤 종류의 신체적 불편감이 생기게 될지를 알려주면 환자는 훨씬 고통을 적게 느끼게 된다. 이와 같은 맥락에서 직면 훈련을 하기 전과 직면 훈련을 하는 동안 무엇이 일어날 것이며 자신이 어떻게 반응할지에 대해 현실적인 기대를 갖는 것이 다가올 상황에 대처하는 데 도움이 된다.

일곱째, 직면 훈련 동안 떠오르는 부정적인 자동적 생각에 대처하는 방법을 배우자. 직면 훈련을 하기 전에 특정한 과제에 대해 떠오르는 자동적 생각을 모두 적어본다. 다음으로 자동적 생각에 들어 있는 인지적 오류를 찾아본다. 직면 훈련 동안 부정적인 일이 일어날 가능성을 어느 정도 과대평가하고 있는가? 실제로 두려운 상황에 대처할 수 있는 것보다 얼마나 더 대처할 수 없다고 느끼고 있는가?

다음으로, 그렇게 생각하는 근거를 검토하고 보다 현실적이고 타당한 대안적 생각을 찾아봄으로써 그런 생각들을 반박해본다. 직면 과제를 하기 전에 역할 연기 등의 방법을 새로운 사고방식, 즉 대안적인 생각에 따라 가상으로 시연해보면, 실제로 두려운 대상에 직면했을 때 훨씬 더 현실적인 해석을 할 수 있다. 또한 직면 훈련 동안 다음과 같은 질문을 해보는 것이 도움이 될 수 있다.

- 어떤 일이 일어날 것이라고 생각하는가?
- 그런 일이 얼마나 일어날 것 같은가?
- 현실적으로 볼 때 어떤 일이 더 일어날 것 같은가?
- 이런 상황에 대처하기 위해 나는 어떤 일을 할 수 있을까?

두려운 상황에 직면하는 동안에는 현실적으로 부정적인

자동적 생각을 타당하게 검토해볼 여유가 없는 경우가 허다하다. 이럴 때에는 미리 자신이 가지고 있는 비현실적이고 타당하지 않은 자동적 생각을 보다 현실적이고 타당한 생각으로 바꾼 다음, 그런 대안적 생각들을 적어놓은 대처 카드를 준비한다. 그리고 두려운 상황에 직면하기 바로 전이나 직면할 때 자신에게 도움이 될 수 있는 현실적이고 타당한 말들을 적어놓은 대처 카드를 꺼내어 반복해서 읽으면 도움이 된다. 대처 카드는 지갑이나 가방에 넣어가지고 다닐 수 있는 크기가 좋다.

대처 카드는 이처럼 두려운 상황에 직면했을 때 흔히 떠오르는 부정적인 자동적 생각에 반박할 수 있게 해준다. 또한 긍정적인 마음을 갖게 하여 불안수준을 낮추어주며, 두려운 상황에 직면하기 전이나 직면하는 동안에 이완하고 자신감을 가질 수 있도록 도와준다. 대처 카드를 효과적으로 활용하기 위해서는 대처 카드의 대안적 생각들을 반복해서 되뇌는 등의 훈련을 해야 한다는 사실을 명심해야 한다.

여덟째, 직면 훈련을 한 후에 자신의 경험을 검토한다. 무엇이 일어났고 다음에는 어떻게 달리 대처할 수 있을지를 평가해본다. 또한 건강하지 못한 자기 비난에 주의하고, 느낀 것보다는 해낸 것을 기억하며 스스로에게 보상해준다. 즉, 부정적인 감정보다는 구체적으로 해낸 행동에 초점을 맞춘다. 예

🔑 **대처 카드**

공포 상황에 직면하기 전에

- 오늘 나는 안전하다고 느끼는 범위를 약간 벗어날 거야.
- 이번이 이런 상황에서 편해지는 법을 배울 수 있는 좋은 기회야.
- 두려움에 직면하는 것은 공포증을 극복하는 가장 좋은 방법이야.
- 내가 상황에 직면하기를 선택할 때마다, 나는 두려움으로부터 조금씩 자유로워질 거야.
- 이 단계를 해봄으로써 결국에 나는 내가 원하는 것을 할 수 있을 거야.
- 이것을 하기 위한 다른 좋은 방법은 없어. 무엇이 일어나든지 괜찮아.
- 실제로 그 상황에 머물다 보면 더 좋게 느껴지리라는 걸 난 알아.
- 무엇을 하든 최선을 다할 거야.
- _____에 대한 두려움에 직면하려고 한다는 것에 대해 나를 칭찬해주자.
- 필요하면 그 상황으로부터 빠져나올 수 있는 방법은 항상 있어.

공포 상황에 처음 직면하거나 직면하는 동안

- 나는 전에도 이런 상황을 다룰 수 있었고, 지금도 다룰 수 있어.
- 이완하고 천천히 하지. 지금 당장 밀어붙일 필요는 없어.

- 복식호흡을 해서 여유를 가질 수 있어.
- 심각한 일은 일어나지 않을 거야.
- 내가 오늘 할 수 있는 만큼만 하면 괜찮아.
- 다 잘 될 거야. 전에도 성공했잖아.
- 이것을 완벽하게 할 필요는 없어. 나는 보통 인간이라는 것을 받아들이자.
- 이것은 내가 생각하는 것만큼 나쁘지 않을 거야.
- 연습을 계속하다 보면 점점 더 쉬워질 거야.

직면하는 동안 나타나는 신체감각과 감정에 대처하기
- 내 증상이나 감각을 난 다룰 수 있어.
- 이런 감각은 자연스러운 것이지 위험한 것은 아니야.
- 복식호흡을 한다면 이런 느낌은 지나갈 거야.
- 이런 감정은 시간이 지나면 사라질 것이고 나는 괜찮아질 거야.
- 이것은 곧 지나갈 거야.
- 이것은 생각일 뿐 실제는 아니야.
- 이런 감정이나 감각 때문에 그만둘 필요는 없어. 나는 계속할 수 있어.
- 필요하면 얼마 동안 물러나 있을 수 있어.

를 들어, 고속도로를 운전하는 동안 불안을 느낀 자신을 비난하기보다는 2마일 정도 고속도로를 운전한 자기에 대해 칭찬하는 등의 보상을 해준다.

아홉째, 직면 훈련은 꾸준한 연습이 필요하다. 직면 훈련은 정기적으로 빈번하게 반복해야 한다. 적어도 일주일에 세 번, 하루걸러 한 번씩은 직면 훈련을 해야 효과적이다. 또한 직면 훈련은 30분 이상 긴 시간 동안 충분히 해야 한다.

열째, 일상적으로 하는 것을 넘어선 행동을 시도해본다. 직면 훈련의 모든 단계를 한 후에는 한 단계 넘어서 일상적으로 하지 않은 것을 시도해본다. 예를 들면, 거미공포증이 있는 사람은 거미를 보는 것을 넘어서 자신의 팔 위에 거미가 다니도록 올려놓을 수 있다. 고소공포증이 있는 사람은 일부러 가장 높은 층에서 아래를 내려다보는 것을 시도해볼 수 있다.

열한째, 일시적 퇴보를 예상하고 이것을 다룰 수 있는 방법을 배운다. 호전이 항상 직선적으로 진행되지는 않는다. 좋아지다가 나빠지는 기복은 얼마든지 있을 수 있다. 일시적 퇴보도 극복 과정의 일부분이다. 일시적 퇴보는 얼마든지 있을 수 있고, 장기적으로 본다면 점진적으로 나아지는 것이다. 따라서 일시적 퇴보에 너무 낙심하지 않는 것이 중요하다.

나빠진다고 해도 지금까지 노력을 통해 좋아진 부분이 다 없어지는 것은 아니다. 일시적 퇴보를 공포 상황에 대처하는 방법에 대해 좀 더 알 수 있는 학습의 기회로 생각하고 활용하려는 자세가 중요하다.

4) 그 밖의 행동치료기법

(1) 모델링 기법

이는 공포증이 있는 사람이 모방을 통해서 대안적인 행동을 학습하는 것으로, 접촉둔감법contact desensitization이라고도 한다. 자신이 두려워하는 행동을 다른 사람이 하는 것을 관찰함으로써 배워나가는 것이다. 이것은 공포증을 학습하는 것과 반대 과정이다. 상담자가 내담자와 동행하면서 학습을 도울 수도 있다. 대개 두려움의 정도가 약한 행동부터 관찰하게 하면서 강한 것으로 이행해나간다.

모델링 기법 중에 특히 상담자가 보는 데서 지도하여 생활상의 문제점을 수행해나가는 방법을 행동 시연behavior rehearsal이라고 한다.

(2) 행동수정기법

행동수정기법behavior modification techniques은 조성shaping의 개념을 이용하여 원하는 행동을 만들어내고, 원치 않는 행동을 제거하거나 건강한 행동이나 습관으로 대치하는 기법이다. 원하는 행동을 처음부터 바로 학습하는 것이 어려울 경우에는 현재 부적응적인 행동에서 적절하고 적응적인 행동에 이르기까지 그 과정을 여러 단계로 나누어 하나씩 차례로 학습하도록 한다. 이 기법은 알코올 중독, 약물남용, 섭식장애, 행동장애 등 충동조절 장애에도 효과적이다.

(3) 바이오 피드백

생리적인 이완은 불안에 반대되는 생리 현상을 일으킬 수 있다. 이 치료법은 먼저 전자장치를 이용하여근전도, 시전도, 뇌파, 체온, 호흡 및 혈압 등 치료 대상인 공포증에 같이 나타나는 인체의 생리적 변화를 보여준다. 그런 다음, 공포증에 수반되는 신체적 변화가 평균 수준과 비교하여 차이가 나면 근육이완법이나 명상 등의 자기조절 능력을 이용하여 생리 기능을 원하는 수준으로 올리거나 내리도록 훈련시킨다.

긴장성 두통, 편두통, 빈맥, 고혈압, 유뇨증, 유분증, 간질, 천식 및 몇몇 정신신체 장애, 신경근육기능 재활 등에도 효과적이다. 따라서 앞으로 적용 범위가 보다 확대되고 다양한 장애의 극복에 도움을 줄 것으로 기대되는 요법이다. ◆

7. 두려움에 내 인생 낭비 말고 가치있는 삶에 투자하기: 수용전념치료

수용전념치료Acceptance and Commitment Therapy: ACT의 관점에서 볼 때, 두려움과 불안은 피하려고 할수록 커진다. 당신이 두려움과 불안으로 오래 고생한 경험이 있다면, 아마 무엇이라도 해봤을 것이다. 그 방법이 효과적이었는가? 효과적이었다면 이 책을 보지 않았을 것이다. 두려움과 불안은 우리가 살아있는 동안 피할 수 없으며, 필요한 감정이다. 구덩이에 빠진 사람이 나오기 위해 구덩이를 팔수록 더 구덩이에 빠질 뿐이라는 ACT의 유명한 비유처럼, 두려움과 불안은 피하려고 할수록 물귀신이 들러붙는 것처럼 더 커진다. 아마도 당신이 두려움과 불안으로 고생했다면 여러 가지 일을 해봤을 것이다. 두려움과 불안은 완전히 없앨 수 없고 피할수록 커진다. 그러므로 피할 수 없다면 즐겨라. 앞에서 말했듯이, 두려움과 불안은

기꺼이 직면하면 할수록 별 거 아닌 것이 되어버린다. 불안과
두려움에 대한 당신의 대안은 기꺼이 불안과 두려움을 경험하
고 직면하는 것뿐이다. 두려움과 불안을 없애려고 쓸데없이
시간을 낭비하지 말고 더 가치있는 일에 당신의 소중한 시간
과 인생을 쓰는 편이 훨씬 낫다. ACT에 대한 더 깊은 이해를
원하는 독자는 『마음에서 빠져나와 삶 속으로 들어가라』
(2010)를 참조하면 도움이 될 것이다.

1) 진정으로 원하는 나의 가치 찾기

당신이 직면하기의 방법을 통해 더 이상 도망가지 않고 직
면하게 되었다면, 이제 어마어마하게 남는 소중한 당신의 시
간을 당신이 가치있다고 생각하는 행동에 전념할 때다. 당신
은 당신의 삶에서 무엇이 가장 중요하고 소중하다고 생각하는
가? 많은 사람은 단번에 가족과의 관계라고 할 것이다. 그렇다
면, 다음에 당신은 가장 가치있다고 생각하는 가족과의 관계
에 얼마나 시간을 쓰고 있는지를 조용히 스스로에게 물어보
라. 많은 사람이 가장 소중하고 가치있다고 생각하는 것보다
는 눈앞의 일들에 더 많은 시간을 보내고 있을 것이다. 또한
다른 많은 사람이 나의 삶에서 무엇이 가장 소중한 가치인가
를 찾기 어려울 수 있다. 그럴 때에는 당신의 삶에서 가장 소

중한 가치를 찾아내기 위해 묘비명 쓰기 연습을 해보는 것이 도움이 된다. 사람이 죽으면 묘비에 비문을 새긴다. 당신의 묘비에 어떤 비문을 새기기를 원하는가? 잠시 동안 눈을 감고 짧은 비문을 다음의 묘비에 적어보아라.

여기에 ○○가
잠들다. …

방금 연습을 통해, 자신의 삶에서 중요한 가치를 찾기 위한 실마리를 얻었을 것이다. 다음 연습을 통해 좀 더 구체적이고 체계적으로 당신의 가치를 찾아보자.

영역	가치	중요도	실천도	생활 차이
부부/커플/ 친밀한 관계				
자녀양육				
가족관계				
우정/사회관계				
일/경력				
여가				
종교/영적생활				
건강				
기타				

출처: 『마음에서 빠져나와 삶 속으로 들어가라』(2010)에서 일부 인용.

첫째, 특정 영역에서 각각 당신이 신중하게 여기는 가치를 가치 칸에 적어보라.

둘째, 특정 영역이 지금 당신에게 얼마나 중요한지를 1~10점 척도로 점수를 매겨서 중요도 칸에 적어보라.

셋째, 당신의 현재 실제 행동이 어떤지 실천도 칸에 평가해 보라. 1점은 그런 행동을 전혀 하지 않음을, 10점은 그런 행동을 매우 잘 하고 있음을 나타낸다.

넷째, 중요도에서 실천도 점수를 빼서 생활 차이 칸에 적어 보라. 이 점수가 가장 중요한데, 이 점수가 높을수록 당신의 가치와 실제 삶의 모습은 일치하지 않는다는 것으로 그 영역에서 더 많은 변화가 필요함을 보여준다.

2) 무소의 뿔처럼 담대하게 나아가기

(1) 지도를 만들자: 목표 설정하기

이제는 당신이 원하는 방향으로 무소의 뿔처럼 담대하게 나아가기만 하면 된다. 헤이즈Hayes와 스미스Smith는 『마음에서 빠져나와 삶 속으로 들어가라』(문현미, 민병배 공역, 2010)에서 담대하게 나아가기 단계를 자세히 설명하고 있다. 그들은 가치가 삶의 여정을 인도할 나침판의 방위라면, 목표는 그 방향을 이끌어줄 지도라고 언급하였다. 목표는 인생 여행에서의 중요한 이정표이며 가치를 실현할 수 있는 실제 수단을 제공한다. 목표를 개발하려면 단기 목표와 장기 목표를 모두 고려해야 하는데, 장기 목표와 단기 목표가 모두 있어야 효과적으로 목적지에 도달할 수 있다. 아래의 〈목표 설정표〉를 이용해서 가치에 맞는 목표를 설정해보자.

〈목표 설정표〉		
목표	**단기/장기**	**가치(영역)**
헬스클럽에서 러닝머신 하기	단기	건강한 삶을 살기(건강)
새로운 직업 찾기	장기	

(2) 천 리 길도 한 걸음부터: 목표 달성을 위한 행동하기

목표는 얼마든지 만들 수 있다. 하지만 당신이 목표를 위해 행동하지 않는다면, 당신의 삶은 하나도 달라지지 않을 것이다. 당신이 원하는 삶을 살기 위해서는 행동이 필요하다. 당신의 목표를 이루기 위해 어떤 행동을 할 것인지를 다음 표를 이용해서 연습해보자.

나의 목표: 헬스클럽에서 러닝머신 하기	
1단계	러닝머신에서 5분 동안 천천히 걷기
2단계	러닝머신에서 15분 동안 천천히 걷기
3단계	러닝머신에서 5분 동안 보통 속도로 걷기
4단계	러닝머신에서 15분 동안 보통 속도로 걷기
5단계	러닝머신에서 5분 동안 빨리 뛰기
6단계	러닝머신에서 10분 동안 빨리 뛰기

(3) 장애물이여 어서 오라: 장애물과 함께 가기

목표를 위해 어떤 행동을 하다 보면 장애물이 나타날 것이다. 목표 행동을 하지 않게 하거나 자꾸 미루게 하는 장애물을 예상해보라. 그 장애물은 힘든 생각, 감정, 신체감각처럼 내 안의 것일 수도 있고, 외부 환경이나 사람과의 관계처럼 외적인 것일 수도 있다. ACT에서 장애물은 피할 수 없는 것이고 극복하거나 우회하지 않는 것이다. 다시 한 번 '장애물과 함께 간다' '피할 수 없다면 즐겨라' 등의 구절을 떠올리면서 내가 쉽게 극복할 수 있는 장애물은 극복하고 그렇지 않다면 함께 가라. 최종적으로 〈가치 기록지〉를 완성해보자. ◆

가치: _____

목표	행동	장애물	함께 가기 전략

출처: 『마음에서 빠져나와 삶 속으로 들어가라』(2010)에서 인용.

8. 호전된 상태 유지하기

　공포증이 극복되면 다음 단계는 공포증이 재발하지 않도록 하는 것이다. 가장 좋은 방법은 기회가 될 때마다 직면을 계속하는 것이다. 예를 들어, 개공포증이 있는 사람이라면 이웃집 개를 만날 때 안녕이라고 인사하며 가볍게 쓰다듬어준다. 이처럼 다양한 대상에 대해 다양한 상황에서 직면 훈련을 하게 되면 새로운 상황에도 훈련의 효과가 일반화될 것이다.

　대부분은 치료 후에 호전이 오랫동안 지속되지만, 때때로 일시적으로 나빠지는 경우도 있다. 이것은 아주 자연스럽고 일상적인 현상이다. 이에 더하여 때로는 공포증이 재발할 수도 있다. 이렇게 재발하는 데는 몇 가지 이유가 있다.

　공포증이 재발하는 첫 번째 조건은 연습하고 훈련한 것보다 훨씬 어려운 상황에 부딪친 경우다. 예를 들면, 집에서 발견되는 전형적인 곤충에 대한 공포증을 극복했다 하더라도 열

대지방으로 휴가를 가서 그동안 보지 못했던 매우 큰 곤충을 보았다면 다시 두려워질 수 있다. 이때는 새로운 공포 상황을 훈련이 필요한 또 다른 상황으로 취급하고, 이 책에서 안내한 대로 그 상황에 대해 다시 공포증 극복 방법들을 하나씩 적용해야 한다.

공포증이 재발하는 두 번째 조건은, 두려운 상황에 오랫동안 직면하지 않았을 때다. 이런 경우에도 다시 두려움을 극복하는 방법들을 사용해본다. 아마도 처음 할 때보다는 극복하는 것이 훨씬 쉬울 것이다.

공포증이 재발하는 세 번째 조건은 생활 스트레스가 있을 때다. 예를 들어, 부부간의 불화, 가족 불화, 직장이나 학교 스트레스, 재정적 문제 등의 스트레스가 있다. 스트레스를 받는 동안 사람은 종종 만성적으로 각성 상태가 증가한다. 그러므로 사소한 불안유발 자극에도 쉽게 '취약해질 수 있으며' 강한 불안반응이 유발될 수 있다. 게다가 스트레스는 사람의 '취약점'을 항상 표적으로 삼는 경향이 있다. 즉, 두통에 취약한 사람은 스트레스를 받으면 두통이 생길 수 있다. 마찬가지로 공포증이 있었던 사람은 스트레스로 인해 공포증이 재발할 수 있다. 일반적으로 스트레스가 줄어들면 공포증도 스트레스를 받기 이전 수준으로 되돌아온다. 그러나 스트레스를 받는 기간 동안에는 이완 훈련과 함께 직면 훈련의 빈도를 늘리는 것이 중요하다.

공포증이 재발하는 마지막 조건은, 두려운 상황에서 충격적인 경험을 했을 때다. 예를 들면, 개에게 가까이 가는 것은 매우 안전한 편이다. 그러나 사고로 그 과정에서 개에게 물릴 수 있다. 이런 일이 일어나서 공포증이 재발했다면, 두려움이 감소될 때까지 두려운 대상에 대한 직면 훈련을 다시 하는 것이 바람직하다. ◈

참고문헌

김은정(1999). 사회공포증의 사회적 자기처리 및 안전행동. 서울대학교 대학원 박사학위 청구논문.

김청송(2015). 사례중심의 이상심리학. 경기: 싸이북스.

문현미, 민병배 공역(2010). 마음에서 빠져나와 삶 속으로 들어가라-새로운 수용전념치료-[*Get Out of Your Mind & Into Your Life*]. (Steven C. Hayes & Spencer Smith 공저). 서울: 학지사. (원전은 2005년에 출간)

이지영(2011). 정서조절코칭북-내 감정의 주인이 되어라. 서울: 시그마프레스.

American Psychiatric Association. (2013). *Diagnostic and statistical manual of mental disorders* (5th ed.). Washington, DC: Author.

Beck, A. T., Emery, G., & Greenberg, R. L. (1985). *Anxiety disorders and phobias: A cognitive perspective.* New York: Basic Books.

Beck, J. S. (1995). *Cognitive therapy for depression and anxiety. Basics and beyond.* New York: Guilford Press.

Bourne, E. J. (1995). *The anxiety and phobia workbook.* Oakland, California: New Habinger Publications.

Davey, G. C. L. (1997). *Phobias: A handbook of theory, research and treatment.* New York: John Wiley & Sons.

Martin, M., Antony, M. M., Craske, M. G., & Barlow, D. H. (1995). *Mastery of your specific phobia.* New York: Oxford University Press.

Van Houtem, C. M. H. H., Laine, M. L., Bloomsma, D. I., Lighart, L., Wijk, A. J. V., & De Jongh, A. (2013). A review and meta-analysis of the heritability of specific phobia subtypes and corresponding fears. *Journal of Anxiety Disorder, 27,* 379-388.

Wells, A. (1997). *Cognitive therapy of anxiety disorders: A practice manual and conceptual guide.* Chichester, UK: Wiley.

〈더 읽을거리〉

권정혜 역(1998). 기분다스리기. 서울: 학지사.

김정희(1998). 스트레스에 대처하는 방법. 서울: 성원사.

문성원, 김은선(2009). 수용과 참여의 심리치료. 서울: 시그마프레스.

원호택(1997). 이상심리학. 서울: 법문사.

원호택, 박현순, 신경진, 이훈진, 조용래, 신현균, 김은정 공역(1996). 우울증의 인지치료. 서울: 학지사.

이민규(1999). 발상을 바꾸면 인생이 달라진다. 서울: 교육과학사.

이장호(2014). 상담심리학. 서울: 박영사.

이지영(2014). 나는 왜 감정에 서툴까-감정 때문에 사람을 잃고 일을 망쳐본 적 있는 이들을 위한 감정조절해법. 서울: 청림출판.

이지영(2015). 생각이 크는 인문학: 감정. 경기: 을파소.

찾아보기

《인 명》

《내 용》

◎ 저자 소개

김은정(Eunjung Kim)

서울대학교 영문학과를 졸업하고 동 대학원에서 임상심리학 전공으로 석사학위와 박사학위를 받았다. 서울대학교병원 정신의학과에서 임상심리학 수련과정을 수료하였고, 삼성 사회정신건강연구소 선임연구원으로 근무하였으며, 현재 아주대학교 심리학과 교수 및 아주학생상담센터장으로 재직하고 있다. 임상심리전문가, 정신보건임상심리사, 인지행동치료전문가이며 아주심리상담센터장, 한국임상심리학회 부회장 등을 역임하였다. 주요 저서로는 『사회불안장애』 『학대받은 아동 · 청소년을 위한 인지행동치료』(공저), 『심리장애의 인지행동적 접근』(공저) 등이 있으며, 주요 역서로는 『인지행동치료 핸드북』(공역), 『임상심리학』(공역), 『건강심리학』(공역), 『놀이치료의 기초』 『놀이치료 사례집』(공역), 『모래놀이치료 핸드북』(공역) 등이 있다.

이지영(Lee Ji Young)

서울대학교 심리학과를 졸업하고 동 대학원에서 상담 및 임상심리학 전공으로 석사학위와 박사학위를 받았다. 서울대학교 대학생활문화원에서 전임 상담원 및 특별 상담원으로 근무했고, 서울대학교병원에서 임상심리 수련 과정을 이수했다. 한국심리학회가 공인한 상담심리전문가이자 임상심리전문가, 정신보건임상심리사, 게슈탈트 치료전문가다. 한국상담심리학회 수련위원장, 한국임상심리학회 학술이사와 서울디지털대학교 심리상담센터장 등을 역임하였다. 현재 서울디지털대학교 상담심리학과 교수로 재직 중이며 한국임상심리학회 편집이사를 맡고 있다. 또한 정서소설코칭 전문가로서 징시조절코칭센터와 정서조절코칭연구소를 운영하고 있으며, 국방부 '국방 3.0 자문단' 위원으로 정책 자문을 하고 있다. 주요 저서로는 『나는 왜 감정에 서툴까』 『정서조절코칭북—내 감정의 주인이 되어라』 『생각이 크는 인문학: 감정』 등이 있다.

ABNORMAL PSYCHOLOGY 8

특정공포증 별것도 안닌데 왜 이렇게 두려울까

Specific Phobia

2016년 3월 30일 2판 1쇄 발행
2022년 11월 25일 2판 2쇄 발행

지은이 • 김은정 · 이지영
펴낸이 • 김 진 환
펴낸곳 • ㈜ **학지사**

　　　　04031 서울특별시 마포구 양화로 15길 20 마인드월드빌딩 5층

대표전화 • 02) 330-5114　　　팩스 • 02) 324-2345

등록번호 • 제313-2006-000265호

홈페이지 • http://www.hakjisa.co.kr
페이스북 • https://www.facebook.com/hakjisabook

ISBN 978-89-997-1008-7 94180
　　　978-89-997-1000-1 (set)

정가 **9,500**원

출판미디어기업 학지사

간호보건의학출판 **학지사메디컬** www.hakjisamd.co.kr
심리검사연구소 **인싸이트** www.inpsyt.co.kr
학술논문서비스 **뉴논문** www.newnonmun.com
원격교육연수원 **카운피아** www.counpia.com